Moore im Hamburger Umland

Gutachten zur Schutzwürdigkeit und zu Entwicklungsmöglichkeiten der oligotrophen Moore im Hamburger Umland, Schleswig-Holstein

Landesamt für Naturschutz und Landschaftspflege Schleswig-Holstein · Hansaring 1 · 2300 Kiel 14 · Telefon: 0431/711069

Herausgeber: Landesamt für Naturschutz und Land-
                schaftspflege Schleswig-Holstein
Bearbeitung: Angelika Bretschneider
Kartographie: Birgit Trölenberg

ISBN   3-923339-14-3

Vorwort

Der Rückgang von Feuchtgebieten und damit die Bedrohung der auf
diesen Lebensraum angewiesenen Pflanzen - und Tierarten ist
nicht mehr zu verleugnen. Besonders betroffen sind in Schleswig-
Holstein die Moore.

In dieser Broschüre wird zum einen der aktuelle Bestand einiger
oligotropher und z.T. mesotropher Moore im Hamburger Umland
dargestellt. Zum anderen werden sowohl die Maßnahmen aufgeführt,
die vor Inkrafttreten des Schleswig-Holsteinischen Landschaftspflegegesetzes zur Vernichtung von Moorflächen beigetragen haben,
als auch solche, die heute noch zur Verminderung dieses für seltene
Pflanzen und Tiere wichtigen Lebensraumes führen und z.T. als un-
gesetzliche Eingriffe gewertet werden müssen. Darüber hinaus werden
für die noch erhaltenen Moore grobe Richtlinien für Schutz- und
Pflegemaßnahmen aufgezeigt. Sechs Moore aus diesem Bereich sind
zur Ausweisung als Naturschutzgebiete vorgeschlagen.

Als Ergänzung zum Bestand der Moore im Hamburger Umland kann die
mittlerweile auch fertiggestellte und vom Landesamt veröffentlich-
te Auswertung der Biotopkartierung im Kreis Stormarn und im Kreis
Segeberg herangezogen werden.

Es bleibt nur zu hoffen, daß die Broschüre einen Anstoß gibt, mehr
für den Schutz und die Verbesserung dieses gefährdeten Lebensraumes
zu tun.Ein Anfang wurde bereits in einigen Gebieten gemacht.

Kiel, im November 1986

Ernst-Wilhelm Rabius
Leiter d. Landesamtes für
Naturschutz u. Landschafts-
pflege Schleswig-Holstein

Inhaltsverzeichnis

Vorbemerkung

Der Schutz unserer Moore ist im Landschaftspflegegesetz fest ver-
ankert. Gem. § 11 sind Eingriffe u. a. in Moore unzulässig.
Trotzdem degenerieren viele Moore weiterhin, denn in den wenig-
sten Gebieten werden alte Eingriffe rückgängig gemacht. Häufig
wird das Fortschreiten der Degeneration auch durch die intensive
Nutzung der angrenzenden Flächen oder durch unzulässige Eingriffe
vorangetrieben. Tatsächlich geschützt und im Bestand gesichert
werden können Moore nur durch geeignete Sicherungsmaßnahmen - wie
z. B. Unterschutzstellung umfangreicherer Gebiete mit Kerngebiet
Moor (NSG)- und/oder biotopverbessernde Maßnahmen (Renaturierung).

Anlaß für dieses umfassende Gutachten sind Aufträge zur Untersuchung der besonderen Schutzwürdigkeit des Tävsmoores (Kreis Pinneberg), des Ohmoores und des Lütt-Wittmoores bei Henstedt-Ulzburg (Kreis Segeberg). Da im Hamburger Umland u. U. andere
Kriterien zur Schutzwürdigkeit angelegt werden müssen als im
übrigen Schleswig-Holstein, soll eine vergleichende Betrachtung
der Moorsituation in diesem Gesamtraum herangezogen werden.

A Grundlagen und Ergebnisse

Einführung

Um einen Einblick in die Gesamtsituation der Hoch- und Zwischenmoore im Hamburger Umland zu bekommen, wurden 31 Gebiete
begutachtet. Dabei besteht kein Anspruch auf Vollständigkeit
der Liste der noch vorkommenden Restmoore, da bis zum Zeitpunkt
dieser Untersuchung nur für die Kreise Pinneberg und Stormarn
eine flächendeckende Kartierung (Biotopkartierung) für das Untersuchungsgebiet vorlag.
Als Grundlage für die Kartierung der Hochmoore im Hamburger Umland dienen neben neueren Unterlagen auch ältere Gutachten und
Karten. Von der so erhaltenen Liste der 31 Gebiete sind 7 Moore
inzwischen nicht mehr vorhanden oder so weit zerstört, daß nur
noch Fragmente an ein ehemaliges Hochmoor erinnern. Sie sind
entweder aufgeforstet, bebaut oder zu Grünland umgewandelt
worden.

Von den übrigen 24 Hochmooren sind drei bereits als Naturschutzgebiet und zwölf als Landschaftsschutzgebiet ausgewiesen
worden. Gutachten, die eine Schutzwürdigkeit über § 11 LPflegG
hinaus befürworten, liegen für 3 geplante Naturschutzgebiete
und 1 geplantes Landschaftsschutzgebiet vor.
Die bereits als besondere Schutzgebiete ausgewiesenen oder geplanten Hochmoore, wie z. B. NSG "Nienwohlder Moor", geplantes
NSG "Glasmoor", LSG "Wakendorfer Moor", sind als Vergleich zur
Beurteilung der in diesem Gutachten behandelten Moore
herangezogen worden. Sie sind in der Übersichtskarte auf Seite
12/13 aufgeführt, im Textteil jedoch nicht weiter berücksichtigt
worden.

Abgrenzung des Untersuchungsgebietes

Das Untersuchungsgebiet richtet sich nach der Planungsgrenze
des Schwerpunktprogrammes Naherholung Hamburg - Schleswig-
Holstein (Lit. 12). Dadurch sind die Hochmoore erfaßt, die
durch die Erholungssuchenden aus dem Hamburger Raum stark
belastet werden können (s. Übersichtskarte S. 12/13).

Allgemeines zum Untersuchungsgebiet

Die Stadt Hamburg in ihrer jetzigen Ausdehnung ist auf schles-
wig- holsteinischem Gebiet vom südlichsten Teil der Schleswig-
Holsteinischen Geest umgeben. Die innerhalb des Untersuchungs-
gebietes vorkommenden Hochmoore liegen im Naturraum Barmstedt-
Kisdorfer Geest und Fortsetzung sowie dem Hamburger Ring, der
nach den natürlichen Verhältnissen keinen eigentlichen
Naturraum bezeichnet, jedoch durch die Ausstrahlung der
Millionenstadt Hamburg einen durch die Durchdringung von
Kultur- und Naturlandschaft geprägten Gesamtcharakter erhalten
hat (s. Abb. 1, Lit. 42).

Die in diesem Gutachten behandelten Moore befinden sich zwischen den Siedlungsachsen Hamburgs, teilweise unmittelbar daneben und in Einzelfällen auch auf den Siedlungsachsen (s.
Übersichtskarte S. 12/13).

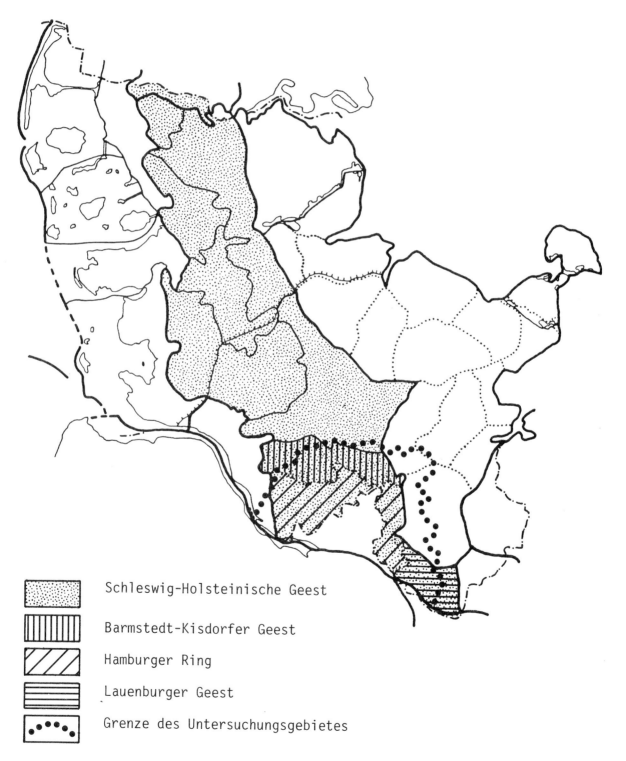

Abb. 1: Naturräumliche Gliederung
(nach MEYNEN u. SCHMITHÜSEN 1962)

Untersuchungsmethoden

Nach Sichtung und Auswertung aller vorhandenen und beschaffbaren Unterlagen wie z. B. Altes Moorkataster von 1947, altes und neues Kartenmaterial, Literatur, Gutachten, Biotopkartierung soweit vorhanden usw. wurde eine Begehung der 31 im Untersuchungsgebiet ausfindig gemachten Hoch- und Zwischenmoore vorgenommen. Die zu dem Zeitpunkt noch nicht von der Biotopkartierung erfaßten Moore wurden zunächst grob kartiert. Als Kartierungseinheiten wurden im wesentlichen die Degenerationsstadien des entwässerten Hochmoores (Heidekraut-, Pfeifengras-, Birkenstadium) zugrundegelegt (s. Anhang). Genauere Kartierungen wurden anschließend in den Gebieten durchgeführt, die nach der ersten Begehung als besonders schutzwürdig erschienen.

Außer der Vegetation wurden, soweit möglich, die Wasserverhältnisse, die Nutzungsbenachbarung, negative Einflüsse und Gefährdungsquellen aufgenommen.
Aussagen zur Tierwelt sind nur in einigen Gebieten entweder aufgrund eigener Beobachtungen oder Kartierungen anderer Personen möglich.

Kriterien zur Beurteilung der Schutzwürdigkeit

Neben den im § 16 LPflegG im Abs. 1 aufgeführten Kriterien zur Ausweisung als Naturschutzgebiet
- Seltenheit, besondere Eigenart, Schönheit
- Erhaltung von Lebensgemeinschaften oder Lebensstätten bestimmter wildwachsender Pflanzen- oder wildlebender Tierarten
- wissenschaftliche, naturgeschichtliche oder landeskundliche Gründe
sind als weitere Punkte
- die Repräsentativität
- die Gefährdung
- die Renaturierungsfähigkeit
zu berücksichtigen.

Linke Randbeschriftung: **alte B.** (Zeilen Torfabbau, Landwirtsch. Kultur, Forstwirtsch. Kultur) — **aktuelle Beeinträchtigungen** (übrige Zeilen)

Art d. versch. Nutzungsanspr. Konflikte, Gefährdungen	Tangstedter Moor	Kampmoor	Beekmoor	Stellmoor	Moor südl. Garstedt	Wiemers Kamper Moor	Wedelmoor	Esinger Moor	Hammoor	Ekholter Moor	Bredenmoor	Grotmoor	Vielmoor	Ostermoor	Zwickmoor	Holmer Moor	Fischbeker Moor	Tävsmoor	Ohmoor	Henstedter Moor	Holmmoor	Himmelmoor	Hohenmoor
Torfabbau	X	X	X	X	X	X	X	X	X	X	X	X	X	X	X	X	X	X	X	X	X	X	X
Landwirtsch. Kultur		X	X	X	X	X		X	X	X	X	X	X	X	X	X	X	X	X	X	X	X	X
Forstwirtsch. Kultur	X	X					X	X	X	X		X		X				X	X	X	X	X	
Entwässerung durch besteh. Grabensysteme	X	X	X	X				X	X	X	X	X	X	X	X	X	X	X	X	X	X	X	X
Eutrophierung d. Immission, Dünger		X	X	X				X	X	X	X	X	X	X	X	X	X	X	X	X	X	X	X
fortlaufende Degeneration d. alten Torfstich		X	X	X				X				X		X	X			X	X	X	X	X	X
Müllablagerungen								X	X	X			X		X			X	X		X		
Wohnhaus-Siedlung (z.T. § 11)	X			X				X												X	X	X	
Eutrophierung d. Oberflächenwasser														X	X			X	X	X			
Beweidung von Moorflächen (§ 11)										X	X		X							X	X		
Erholung, Vertritt																		X	X	X	X		
Wochenendhausbebauung (z.T. § 11)																X				X		X	
Umwandlung in Grünland (z.T. § 11)													X								X	X	
Angelsport, Kalkung v. Torfstichen (z.T. § 11)											X	X						X					
Umwandlung in Gartenland (§ 11)	X							X											X				
Straßenbau																			X	X	X		
Flughafen, Sportflughafen																		X	X				
Umwandlung in Baumschulflächen (z.T. §11)								X	X														
Neuanlage von Entwässerungsgräben (§ 11)														X							X		
Aufforstung (§ 11)										X													
Umwandlung in Tiergarten (§ 11)															X								
Entnahme von Pflanzen (§ 11)										X													
Bundeswehrüb.-platz																		X					
Überlandleitungen	X																					X	
U-Bahn-Bau																		X					

Die Biotope im Hamburger Umland unterliegen einer größeren Belastung als sonst in Schleswig-Holstein. Die Nähe zum Ballungsgebiet Hamburg birgt aufgrund der sich häufenden Nutzungsansprüche eine besondere Gefährdung. Daher müssen u. U. die Bewertungsmaßstäbe den besonderen Bedingungen angepaßt werden.

Gefährdung/Eingriffe

Wie bereits im vorangegangenen Abschnitt erwähnt, sind die Moore im Hamburger Umland zahlreichen Nutzugnsansprüchen ausgesetzt. Die Tabelle auf Seite 9 verdeutlicht die Vielzahl der Eingriffe (es wurden 25 unterschieden). Es muß dabei unterschieden werden in alte Eingriffe, d. h. Maßnahmen die nach dem ehemals genehmigten Torfabbau oder auch ohne vorherigen Abbau als ordnungsgemäße Moor-Rekultivierung durchgeführt wurden (Umwandlung in landwirtschaftliche und forstwirtschaftliche Nutzflächen, Besiedlung) und deren Folgewirkungen auf die Restmoore - z. B. Entwässerung durch alte Grabensysteme und hohe Torfstichkanten - sowie aktuelle Beeinträchtigungen und verbotene Eingriffe gemäß § 11 LPflegG.
Auch wenn es heute bei den völlig umgewandelten Mooren nicht mehr am Relief erkennbar ist, kann man doch davon ausgehen, daß jedes der in diesem Rahmen untersuchten Moore mehr oder weniger intensiv abgetorft worden ist. Die häufigste Folgenutzung ist die landwirtschaftliche, gefolgt von der forstwirtschaftlichen. Von Besiedlung betroffen sind hauptsächlich die großen, bei dieser Untersuchung als besonders schutzwürdig und schutzbedürftig herausgestellten Hochmoore, aber auch die völlig zerstörten ehemaligen Moore.

Zusammenfassung der Untersuchungsergebnisse

Die Zerstörung der Moore im Hamburger Umland ist weit vorange-
schritten. So sind von den 31 untersuchten Gebieten 7 völlig
vernichtet (s. Übersichtskarte).
Von den in diesem Gutachten bearbeiteten 23 Mooren, die auch
die 7 ehemaligen Moore beinhalten, sind weitere 10 größtenteils
stark degeneriert, nur noch in Splitterflächen oder kleinflächig vorhanden und weisen nur in Teilbereichen wertvolle Vegetation auf. Sie sind in ihrer Eigenart als Restmoore schützens-
wert, erfüllen jedoch nicht ausreichend die Kriterien des § 16
LPflegG.
Nur 6 der Moore erfüllen die Kriterien zur Ausweisung als Naturschutzgebiet, wobei die Qualität dieser Gebiete unterschied-
lich ist.
Zur Ausweisung werden vorgeschlagen:

- Tävsmoor, Kreis Pinneberg
- Ohmoor, Kreis Segeberg
- Henstedter Moor (= Lütt-Wittmoor), Kreis Segeberg
- Holmmoor, Kreis Pinneberg
- Himmelmoor, Kreis Pinneberg
- Hohenmoor, Kreis Pinneberg

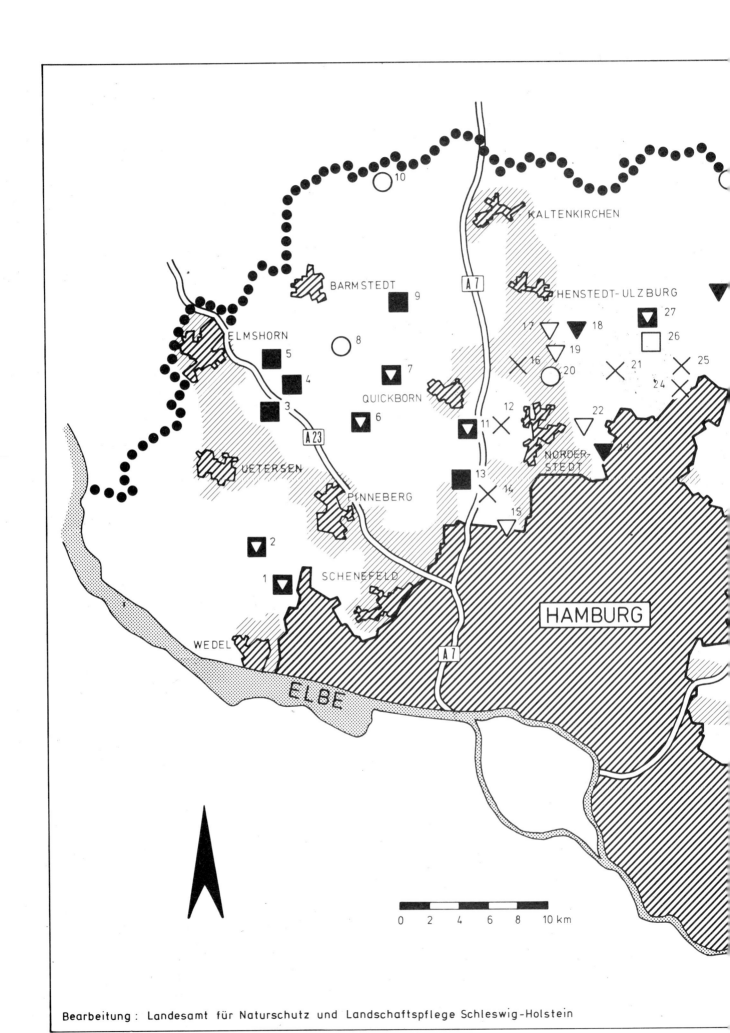

BARMSTEDT

KALTENKIRCHEN

A7

ELMSHORN

HENSTEDT-ULZBURG

QUICKBORN

A23

UETERSEN

PINNEBERG

NORDER-
STEDT

SCHENEFELD

HAMBURG

WEDEL

ELBE

0 2 4 6 8 10 km

Bearbeitung : Landesamt für Naturschutz und Landschaftspflege Schleswig-Holstein

Übersichtskarte
der oligotrophen Moore im
nördlichen Hamburger Umland

Stand: Juli 1985

Nr.	Name	Seite
1	Butterbargsmoor	nicht behandelt
2	Tävsmoor	40
3	Esingermoor	16
4	Hammoor	20
5	Ekholter Moor	22
6	Hohenmoor	102
7	Himmelmoor	94
8	Bredenmoor	24
9	Vielmoor	29
10	Grotmoor bei Lentföhrden	26
11	Holmmoor	83
12	Tangstedter Moor	14
13	Ostermoor	31
14	Moor südl. Garstedt	14
15	Ohmoor	54
16	Kampmoor	14
17	Alsterquellmoor	nicht behandelt
18	Schlappenmoor	nicht behandelt
19	Henstedter Moor	71
20	Zwickmoor	33
21	Beekmoor	14
22	Glasmoor	nicht behandelt
23	Wittmoor	nicht behandelt
24	Wiemerskamper Moor	14
25	Wedelmoor	14
26	Kayhuder Moor	nicht behandelt
27	Wakendorfer Moor	nicht behandelt
28	Nienwohlder Moor	nicht behandelt
29	Holmer Moor	35
30	Fischbeker Moor	37
31	Stellmoor	14

▼ bestehendes NSG

▽ vorgeschlagenes NSG

■ bestehendes LSG

□ vorgeschlagenes LSG

▼ Vorschlag zur Umwandlung vom LSG in NSG

◯ Pauschalschutz gemäß § 11 LPflegG

✕ umgewandeltes, ehemaliges Moor

▨ Siedlungsschwerpunkt

▨ Siedlungsachse

═ Autobahn

●● Grenze des Naherholungsraumes
der Stadt Hamburg

Quellen: Regionalplan Planungsraum I
Eigene Erhebungen

B Ehemals oder nur noch in kleinen Restflächen vorhandene Moore

Gänzlich verschwunden sind das ehemalige Moor südlich Garstedt
(Übersichtskarte/Nr. 14) - heute Grünland -, das Wiemerskamper
Moor (Übersichtskarte/Nr. 24), das unmittelbar mit dem Duvenstedter Brook zusammenhing, - heute Siedlung und Grünland -
und das Wedelmoor (Übersichtskarte/Nr. 25), das aufgeforstet
wurde.

Einzelne Moore sind nur noch in kleinen fragmentarischen Resten
in der Landschaft erkennbar, z. B.
- das Tangstedter Moor (Übersichtskarte/Nr. 12) im Staatsforst
  Rantzau, das am Südrand des Nadelwaldes nur noch an einem sehr
  kleinen dichten Pfeifengrasbestand unter Birken und Kiefern
  zu erkennen ist;
- das Kampmoor (Übersichtskarte/Nr. 16) nordwestlich von Frie-
  drichsgabe, von dem nur noch ein kleiner Hochmoorsockel übrig
  geblieben ist. Ansonsten findet man hier jetzt Grünland, Nadel-
  wald und Siedlungen.
- das zum Gut Tangstedt gehörende Beekmoor (Übersichtskarte/
  Nr. 21), das nur noch eine kleine, zum Birkenwald degradierte
  Fläche, die inmitten von Grünland liegt, aufweist;
- die südwestlich von Ahrensburg liegenden Restflächen des
  Stellmoores (Übersichtskarte/Nr. 31), die bis auf zwei kleine
  Flächen, die zum Bruchwald degeneriert sind, in Grünland umgewandelt worden sind.

Bei einer intensiveren Durchsicht alten Kartenmaterials würden
wohl wesentlich mehr inzwischen unwiderbringlich zerstörte Moore festzustellen sein.

Es muß darauf hingewiesen werden, daß selbst kleinste Moorrest-
flächen noch dem Schutz des § 11 LPflegG unterliegen.

C Stark degenerierte Resthochmoore

Vorbemerkung

Die im folgenden behandelten Resthochmoore erfüllen weitgehend
nicht die Kriterien zur Ausweisung als Naturschutzgebiet im
Sinne von § 16 LPflegG. Sie sind meist sehr stark degeneriert,
stark zersplittert oder nur noch von geringer Flächengröße.
Dennoch sind alle Gebiete erhaltenswert (§ 11 LPflegG) und dazu
geeignet, dort Maßnahmen zur Erhaltung und Verbesserung, d. h.
Anhebung des ökologischen Wertes, durchzuführen. Entsprechende
Pflege- und Entwicklungsmaßnahmen müssen sogar durchgeführt
werden, um einer weiteren Degeneration entgegenzuwirken.
Zur Erarbeitung genauer Zielsetzungen und zur Erstellung von
Konzepten sind jedoch noch detailliertere Untersuchungen erfor-
derlich.

1. Esingermoor
(Übersichtskarte/Nr. 3)

<u>Zustand</u>

Das Landschaftsschutzgebiet "Esingermoor", das sich 1878 noch großflächig zwischen der Bahnstrecke Elmshorn - Altona und der B 5 südöstlich von Elmshorn erstreckte, besteht heute nur noch aus <u>40 Splitterflächen</u> mit einer Gesamtfläche von rd. <u>80 ha</u>.

Es ist stark entwässert und durch zahlreiche Torfstiche zerkuhlt. Die Zersplitterung des Gebietes ist auf Umwandlung vieler Flächen in landwirtschaftliche Nutzflächen, Fichtenaufforstungen und zum Teil auch Bebauung zurückzuführen. Die übrigen Moorflächen sind meist bis zum Birkenstadium degeneriert und zeigen teilweise bereits Ansätze zum Laubwald.

Im nördlichen Bereich hat sich hier und da Niedermoorvegetation entwickelt. Nur im südlichen Teil sind noch wertvolle Hochmoorflächen vorhanden. In den von der Biotopkartierung 1981 erfaßten Biotopen 27, 28, 29 und 35 (s. Abb. 2) sind neben dem Birkenstadium das Heidekrautstadium und das Pfeifengrasstadium stark vertreten; dazwischen liegen größere Torfstiche mit beginnender Regeneration.

An <u>seltenen Pflanzenarten</u> (Rote Liste Schleswig-Holstein) sind hier aufzuführen:

Moosbeere	- Vaccinium oxycoccus
Rundblättriger Sonnentau	- Drosera rotundifolia
Rosmarinheide	- Andromeda polifolia

Weitere Besonderheiten:

Scheidiges Wollgras	- Eriophorum vaginatum
Schmalblättriges Wollgras	- Eriophorum angustifolium
Glockenheide	- Erica tetralix
Torfmoose	- Spagnum spec.

Aus der <u>Tierwelt</u> sind hier besonders die zum Teil stark gefährdeten Reptilien, wie Kreuzotter, Zauneidechse, Blindschleiche, Ringelnatter und Waldeidechse zu nennen.

Abb. 2: Esinger Moor (Biotop-Nr. 27-51)

Hammoor (Biotop-Nr. 52-56 und 58)

Ekholter Moor (Biotop-Nr. 65-68)

Auszug aus dem Biotopkataster (Stand: 1981)

TK 25 2224, Kreis Pinneberg

Negative Einflüsse

Das Fortschreiten der Degeneration dieses Moores wird zur Zeit durch verschiedene negative Einflüsse bewirkt.

- Entwässerung durch bestehendes Entwässerungssystem in den Moorflächen und den angrenzenden Nutzflächen.
- Eutrophierung durch Düngeranflug von benachbarten landwirt- schaftlichen Nutzflächen.
- Anflug von Fichtensämlingen der angrenzenden Fichten- bestände.
- Müllablagerung z. B. von Baumschulen (Eingriff gem. § 11 LPflegG).
- Baumschul-Anpflanzungen auf Moorflächen (Eingriff gem. § 11 LPflegG) (s. Abb. 3).
- Umwandlung in Gartenland, Ausweitung der Bebauung (Eingriff gem. § 11 LPflegG).

Abb. 3: Anpflanzung von Laubgehölzen im Esingermoor

Folgerungen

Obwohl das Esingermoor stark degeneriert ist, sollten doch
Maßnahmen zum Erhalt und zur Verbesserung des Biotopes durchgeführt werden. Am meisten Beachtung sollten dabei die wert-
volleren Flächen im Süden, wo typische Hochmoorvegetation
noch reichlich vorhanden ist, finden, um sich bei sachgemä-
ßer Pflege ausbreiten zu können. Die wichtigste Maßnahme wird
hier, wie in allen Hochmooren, die Wasserhaltung sein.

2. Hammoor

(Übersichtskarte/Nr. 4)

Zustand

Das Landschaftsschutzgebiet "Hammoor", östlich von Seth-Ekholt besteht nur noch aus 6 Restflächen, die insgesamt 20,5 ha betragen.
Durch Entwässerung, Abtorfung, Fichtenaufforstung und Umwandlung in landwirtschaftliche Nutzfläche ist dieses Moor stark degeneriert. Das Birkenstadium herrscht mit einem Anteil von ca. 74 % an der Gesamtvegetation vor, der Rest besteht aus Niedermoorvegetation (Weidengebüsch, Hochstaudenried) und Bruchwald (Schwarzerle, Moorbirke). Im südlichen Teil des Biotopes 52 (s. Abb. 2) haben sich vor mehreren Jahren angepflanzte Rhododendren im Schatten der Birken besonders prächtig entwickeln können.
Im Biotop 55 ist im südwestlichen Teil ein kleiner Teich mit einer Insel angelegt worden. Im Zentrum ist auf einer kleinen Fläche der sonst dichte Baumbestand (Moorbirke, Schwarzerle, Stieleiche) radikal gelichtet worden.

An seltenen Pflanzenarten (Rote Liste) sind hier aufzuführen:

Gagelstrauch	- Myrica gale
Königsfarn	- Osmunda regalis
Wasserfeder	- Hottonia palustris
Fadensegge	- Carex lasiocarpa

Weitere Besonderheiten sind:

Schmalblättriges Wollgras	- Eriophorum vaginatum
Torfmoose	- Sphagnum spec.

Aus der Tierwelt ist auch hier wie im benachbarten Ekholter Moor das Vorkommen des Moorfrosches hervorzuheben.
In der östlich angrenzenden Niederung, aber auch im Moor, ist der Große Brachvogel beobachtet worden.

Negative Einflüsse

Dadurch, daß die einzelnen Moorflächen durch landwirtschaftliche Nutzflächen voneinander getrennt und von solchen umgeben sind, ist die Beeinflussung durch Dünger und Entwässerung besonders groß. Weitere negative Einflüsse sind Aufforstungen und Ablagerungen von Müll und Gartenabfällen (Eingriff gem. § 11 LPflegG).

Folgerungen

Die einzig sinnvolle und notwendige Maßnahme zur Verbesserung des Biotopes wäre die Verhinderung der weiteren Entwässerung. Dieses wird jedoch durch die angrenzenden Grünländereien sehr erschwert.

3. Ekholter Moor

(Übersichtskarte/Nr. 5

Zustand

Das Landschaftsschutzgebiet "Ekholter Moor" liegt nördlich von
Seth-Ekholt im Landkreis Pinneberg. Nur 4 Teilflächen mit insgesamt rd. 14 ha sind noch als Moor im Sinne des § 11 LPflegG
anzusprechen; allerdings ist in den Biotopen 67 und 68 (s.
Abb. 2) bereits die Entwicklung zum Birken-Eichen-Wald einge-
leitet. Auf den beiden anderen Flächen herrscht das Birkenstadium vor, das im Biotop 66 von Torfstichen mit Übergangs-
moorcharakter (Sumpfblutauge, Flatterbinse, Torfmoose, u. a.)
durchsetzt ist.
Der wertvollste Bereich befindet sich im Zentrum des Biotopes
65. Nach einer Entbirkungsaktion im Winter 1981/82 dominieren
hier die Glockenheide und das Wollgras sowie diverse Torfmoose. Das Pfeifengras dringt vom Rand her erst in das Heidekrautstadium ein.

Besonders zu erwähnen sind folgende Pflanzenarten:

Rundblättriger Sonnentau	-	Drosera rotundifolia
		(Rote Liste Schl.-Holst.)
Scheidiges Wollgras	-	Eriophorum vaginatum
Schmalblättriges Wollgras	-	Eriophorum angustifolium
Torfmoose	-	Sphagnum spec.

Aus der Tierwelt ist besonders das Vorkommen des Moorfrosches
zu nennen, der nach der Bundesartenschutzverordnung zu den
"vom Aussterben bedrohten Arten" der Bundesrepublik zählt.

Negative Einflüsse

Aufgrund der geringen Größe wirken sich äußere Einflüsse besonders stark auf das Moor aus. Neben der Entwässerung über
Gräben im Moor und den benachbarten landwirtschaftlichen Nutzflächen tragen zur weiteren Degeneration

- Eutrophierung durch Düngeranflug von benachbarten landwirt-
  schaftlichen Nutzflächen,
- Ablagerung von Müll und Bauschutt (Eingriff gem. § 11
  LPflegG) und
- Beweidung durch Rinder (Eingriff gem. § 11 LPflegG)
  bei.

Folgerungen

Um den Moor-Charakter des Gebietes zu erhalten, sind Pflegemaßnahmen, vor allem wasserhaltende Maßnahmen, zumindest in
den Biotopen 65 und 66 erforderlich und sinnvoll. Außerdem muß
dafür Sorge getragen werden, daß eine Beweidung des Gebietes
durch Rinder nicht wieder stattfindet.

4. Bredenmoor

(Übersichtskarte/Nr. 8

Zustand

Die etwa 10 ha große Restfläche des Bredenmoores, westlich von
Hemdingen, ist in 7 Teilflächen zerstückelt (s. Abb. 4). Sie
ist stark degeneriert und besteht zu ca. 95 % aus dem Birkenstadium, der Rest ist mit Pfeifengras bewachsen. Das Birkenstadium zeigt teilweise bereits Ansätze zum Eichen-Birken-
Wald, wie er auch auf mineralischem Untergrund auftritt, erkennbar an Stieleiche, Gemeiner Vogelbeere, Faulbaum, Drahtschmiele u. a.

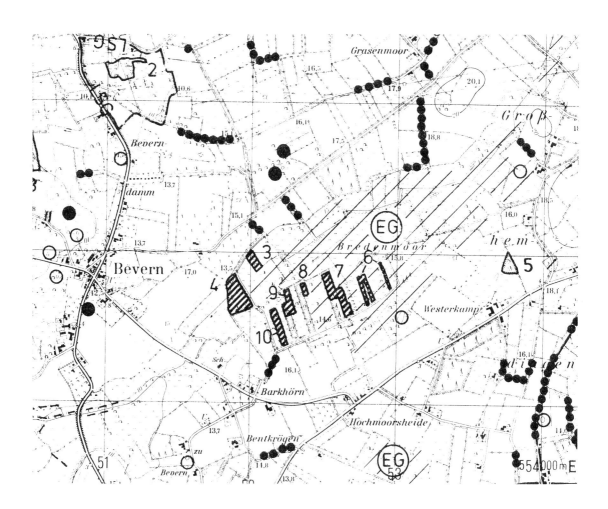

Abb. 4: Bredenmoor (Biotop-Nr. 3, 4 und 6-10)
Auszug aus dem Biotopkataster (Stand: 1981)
TK 25 2224, Kreis Pinneberg

Negative Einflüsse

Wie beim bereits erwähnten Hammoor tragen auch hier die Entwässerung und Düngung der umgebenden landwirtschaftlichen
Nutzflächen zur weitern Degeneration der einzelnen Moorflächen
bei.
Zu diesen negativen Einflüssen kommen als Eingriffe gemäß § 11
LPflegG die allmähliche Umwandlung in Grünland, die Beweidung
mit Rindern und die Anlage und Unterhaltung von Fischteichen
hinzu.

Folgerungen

Bei diesem Gebiet ist die Möglichkeit der Biotopverbesserung
durch bestimmte Maßnahmen kritisch zu sehen, da es zu sehr
zerstückelt und degeneriert ist. Zur Erhaltung wäre es jedoch
notwendig, die Eingriffe rückgängig zu machen und das Gebiet
zu pflegen.

5. Grotmoor

(Übersichtskarte/Nr. 10)

Zustand

Das Grotmoor, westlich von Lentföhrden im Kreis Segeberg, bildet nach einer topographischen Karte 1880 noch eine große zusammenhängende Fläche. Nach dem maschinellen Torfabbau wurde die Abtorfungsfläche als landwirtschaftliche Nutzfläche hergerichtet. Es sind lediglich Reste des ehemaligen Randgehänges des Moores übriggeblieben, das jedoch mehr oder weniger stark entwässert, durch Torfstiche zerkuhlt und zum Teil in Grünland umgewandelt ist (s. Abb. 5). Lediglich der südwestliche Teil (Biotop-Nr. 51 und z. T. 17) ist als Landschaftsschutzgebiet ausgewiesen.

Im nördlichen Teil befinden sich zahlreiche Tümpel, die als Fischteiche genutzt werden. Eine maschinelle Abtorfung zum Zwecke der Badetorfgewinnung hat bis 1984 noch auf einigen Flächen im Nordosten stattgefunden.

Im gesamten Gebiet herrscht das Pfeifengrasstadium (rd. 50 %) vor. Darin verstreut findet man das Birkenstadium, Heidekrautflächen und regenerierende Torfstiche.

Seltene Pflanzenarten (Rote Liste) sind:

Moosbeere	- Vaccinium oxycoccus
Rosmarinheide	- Andromeda polifolia
Gagelstrauch	- Myrica gale

Weiterhin von Bedeutung sind:

Glockenheide	- Erica tetralix
div. Torfmoose	- Sphagnum cuspidatum
	- Sphagnum magellanicum
	- Sphagnum palustre
	- Sphagnum fimbriatum

Aus der Tierwelt ist in diesem Gebiet das Vorkommen des Moorfrosches hervorzuheben.

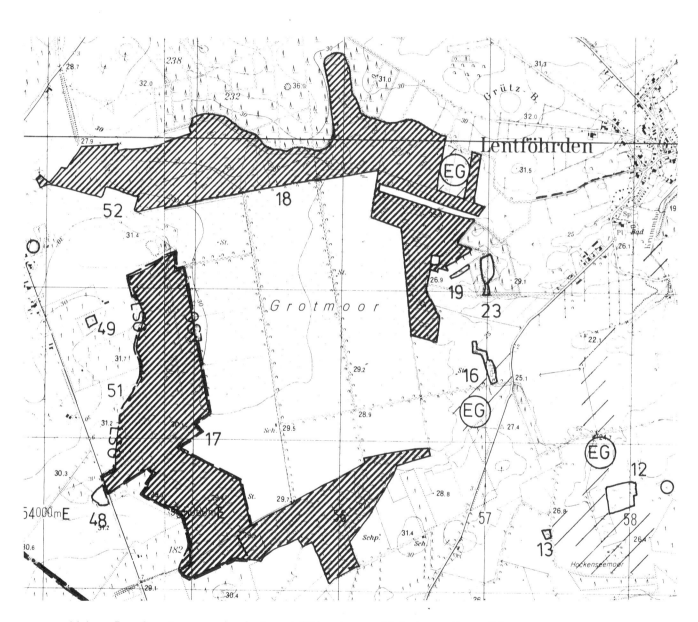

Abb. 5: Grotmoor bei Lentföhrden (Biotop-Nr. 51, 52, 17 und 18)
        Auszug aus dem Biotopkataster (Stand: 1981)
        TK 25 2124 und 2125, Kreis Segeberg

Negative Einflüsse

Wie in den anderen Mooren auch, sind die negativen Einflüsse
(Entwässerung, Düngereintrag) durch die umgebenden landwirtschaftlichen Nutzflächen auch hier die größten.

Hinzu kommen:
- genehmigte Abtorfung
- Nutzung von Torfkuhlen als Fischteiche (Kalkung zu befürch-
  ten, Eingriff gem. § 11 LPflegG)
- Entnahme von Torfmoosen aus Torfstichen (Eingriff gem. § 11
  LPflegG)
- Anpflanzung von Fichten

Folgerungen

Die wichtigsten Maßnahmen zur Verbesserung dieses Moores sind
die Wasserhaltung und Unterbindung der weiteren negativen Einflüsse. Die Entnahme von Torfmoosen sollte dringend gestoppt
werden, da gerade die Torfmoose eine wichtige Rolle bei der
Regeneration spielen.
Eine weitere Unterschutzstellung sollte angestrebt werden, wobei zumindest eine Erweiterung des bisher bestehenden Landschaftsschutzgebietes auf die übrigen Moorflächen und die von ihnen um-
schlossenen landwirtschaftlichen Nutzflächen erfolgen sollte.
Ein konkretes Schutz- und Pflegekonzept wird demnächst von der
Landesregierung in Auftrag gegeben.

6. **Vielmoor**

(Übersichtskarte/Nr. 9)

<u>Zustand</u>

Südlich von Langeln, Kreis Pinneberg, erstreckt sich das Landschaftsschutzgebiet "Vielmoor" auf einer Restfläche von 46 ha.
Es ist stark degeneriert und weist 21 Einzelflächen auf, zwischen denen landwirtschaftliche Nutzflächen - meist Grünland -
liegen (s. Abb. 6).

Die Vegetation besteht hauptsächlich aus dem Birkenstadium
(rd. 90 %), das teilweise mit Pfeifengrasflächen durchsetzt
ist. Nur drei der Einzelflächen weisen neben dem Birken-Pfeifengras-Stadium größere Heidekraut- und Wollgrasbestände sowie
regenerierende Torfstiche auf.

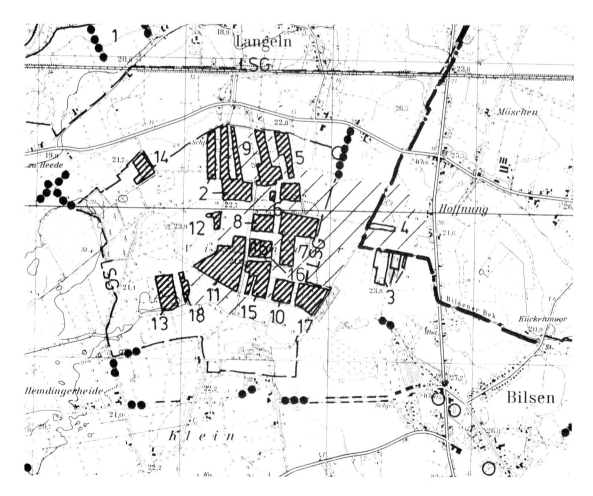

<u>Abb. 6:</u> Vielmoor (Biotop-Nr. 2-18)

Auszug aus dem Biotopkataster (Stand: 1981)

TK 25 2225, Kreis Pinneberg

Besondere Pflanzenvorkommen bilden hier die Moosbeere und die Rosmarinheide (beide Rote Liste) sowie die Glockenheide, Scheidiges und Schmalblättriges Wollgras und diverse Torfmoose.

Aus der Tierwelt sind als Besonderheiten der Moorfrosch und der Grasfrosch zu nennen.

Negative Einflüsse
Das Fortschreiten der Degeneration dieses Moores wird zur Zeit durch verschiedene negative Einflüsse bewirkt.

- Entwässerung durch bestehende Eintwässerungssysteme in den Moorflächen und den angrenzenden Nutzflächen
- Eutrophierung durch Düngeranflug von benachbarten landwirtschaftlichen Nutzflächen

Als Eingriff gemäß § 11 LPflegG zu bewertende negative Einflüsse:

- Beweidung
- Aufforstung
- Umwandlung in Grünland
- Müllablagerungen

Folgerungen
Trotz der starken Zersplitterung des Vielmoores wäre es sinnvoll, Maßnahmen zur Erhaltung und Verbesserung dieses Biotopes durchzuführen. Dabei müßten als erstes die Eingriffe rückgängig gemacht sowie die Entwässerung unterbunden werden. Längerfristig könnte das Gebiet evtl. zu einem Birkenbruch mit Heidemoor entwickelt werden, wobei auch einige zwischen den Moorflächen liegenden landwirtschaftlichen Nutzflächen mit einbezogen werden müßten.

7. **Ostermoor**

(Übersichtskarte/Nr. 13)

Zustand

Das Landschaftsschutzgebiet "Ostermoor", Kreis Pinneberg,
liegt südlich von Hasloh. Es weist nur noch eine Restfläche
von ca. 12 ha auf. Durch Entwässerung, Aufforstung und Umwandlung in Grünland ist es bereits vor ca. 100 Jahren weitgehend
zerstört worden. Heute findet man nur noch drei Teilflächen
vor, die zudem nur noch das Birkenstadium mit Pfeifengras im
Unterwuchs und einem kleinflächigen Heidekrautbestand (Glok-
kenheide, Besenheide) aufweisen. Durch die angrenzenden Fich-
tenbestände haben sich auch im Moor Fichtensämlinge ausbreiten
können. Auch das benachbarte Grünland wirkt sich ähnlich wie in
den zuvor beschriebenen Gebieten negativ auf das Moor aus; es
sind bereits hochmoorfremde Arten, wie z. B. Flatterbinse und
Kleiner Ampfer eingewandert (s. Abb. 7).

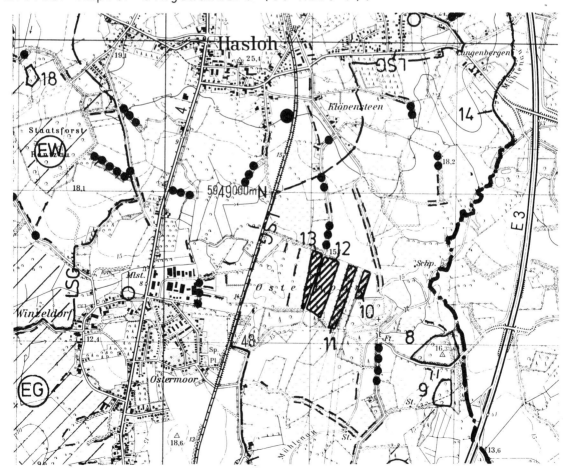

Abb. 7: Ostermoor (Biotop-Nr. 10-13)

Auszug aus dem Biotopkataster (Stand: 1981)

TK 25 2325, Kreis Pinneberg

Folgerungen

Durch die geringe Größe des Ostermoores wirken sich die negativen Einflüsse wie Entwässerung, Einwanderung moorfremder Pflanzen usw. besonders stark aus. Es wird schwierig sein, dieses Gebiet zu erhalten und vor allem zu entwickeln. Es sollte dennoch versucht werden, mit geringerem Aufwand die Flächen zu pflegen, um sie vor der weiteren Degeneration zu bewahren. Es könnte z. B. eine Mahd und Entkusselung als dauerhafte Heidepflege durchgeführt werden.

8. Zwickmoor
(Übersichtskarte/Nr. 20)

Zustand

Das "Zwickmoor" liegt nördlich von Harksheide im Kreis Segeberg. Nördlich des fast gänzlich abgetorften und kultivierten
Moores verläuft die Schleswig-Holstein-Straße, im Südwesten
befindet sich eine Kleingartenkolonie. Im östlichen Teil des
Moorrestes ist ein Tiergarten errichtet worden (s. Abb. 8).
Durch zahlreiche Gräben im und am Gebiet wird die Entwässerung
und damit auch Degeneration des Moores ständig fortgeführt, so
daß Birken und Pfeifengras vorherrschen. In nasseren Torf-
stichbereichen kommen auch Torfmoose und Wollgras vor. Einige
Torfstiche weisen Sumpfkratzdistel, Flatterbinse und Sumpfhaarstrang auf, was eine Abtorfung bis auf den mineralischen
Boden vermuten läßt. Auf höheren, trockeneren Torfbänken hat
sich bereits die Drahtschmiele angesiedelt, die Besenheide
kommt nur sehr spärlich vor. Im Norden geht das Moor in eine
Heidefläche und einen Kiefernwald über, die ehemals wohl eine
Verbindung zum nördlich gelegenen Henstedter Moor hatten.
Viele Torfstiche sind mit Müll verfüllt, der z. T. schon sehr
alt, z. T. jedoch noch sehr frisch ist.

Negative Einflüsse

Das Zwickmoor liegt in einem dicht besiedelten Gebiet, wodurch
zahlreiche Nutzungsinteressen auf kleinstem Raum auftreten und
negative Auswirkungen auf das Moor haben. U. a. sind dieses:

- Entwässerung durch bestehende Entwässerungssysteme in den
  Moorflächen und den angrenzenden Nutzflächen
- Randbebauung (Kleingartenkolonie)
- Umwandlung in Tiergarten (Eingriff gem. § 11 LPflegG)
- Müllablagerungen (Eingriff gem. § 11 LPflegG)
- Neuanlage eines Randgrabens (Eingriff gem. § 11 LPflegG)

Folgerungen

Um Entwicklungsmaßnahmen in diesem Gebiet einen Sinn zu geben,
sollten die angrenzenden Grünlandflächen, die ehemals auch
Moor waren, zurückgewonnen und ebenso wie die Heideflächen im
Norden in ein Entwicklungskonzept einbezogen werden. Sehr pro-

blematisch ist die Nutzung des Moores durch den Tiergarten, da
hierdurch Anstaumaßnahmen erschwert oder behindert werden
könnten. Dasselbe gilt für das angrenzende Kleingartengebiet.
Durch Entfernen des Mülls aus den Torfstichen und gezielte
Maßnahmen zur Wasserhaltung könnte dieses Restmoor jedoch erhalten und verbessert werden.

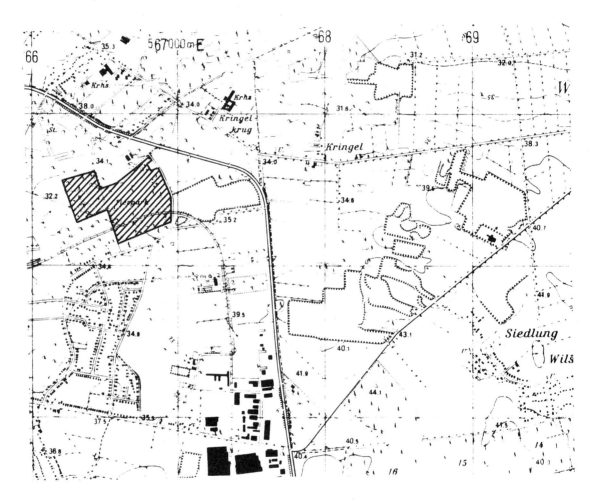

Abb. 8: Zwickmoor
        Auszug aus der TK 25 2226. Kreis Segeberg

9. Holmer Moor

(Übersichtskarte/Nr. 29)

Zustand

Das "Holmer Moor" liegt zwischen Seth und Fredesdorf im Kreis
Segeberg. Durch Entwässerung, Abtorfung und Umwandlung in
Grünland ist es auf eine Restfläche von etwa 100 ha ge-
schrumpft (s. Abb. 9) und bis zum Birken-Pfeifengras-Stadium
degeneriert. Noch heute durchziehen mehr oder weniger tiefe
Entwässerungsgräben das Moor, so daß es - mit Ausnahme einiger
wasserhaltiger Torfstiche (s. Abb. 10)- sehr trocken ist.

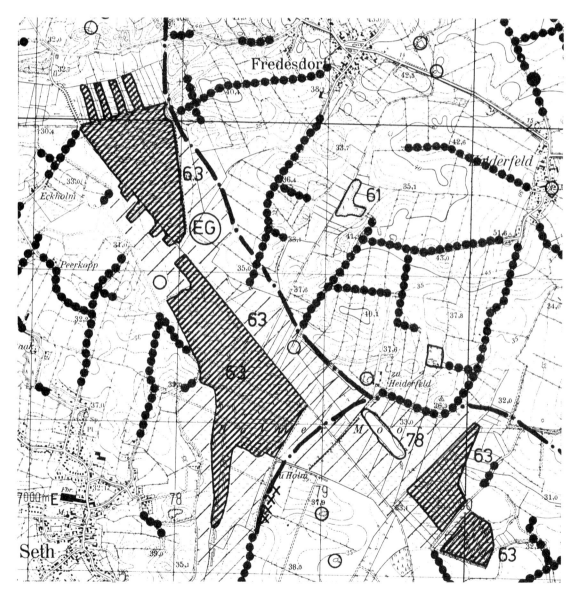

Abb. 9: Holmer Moor (Biotop-Nr. 63)

Auszug aus dem Biotopkataster (Stand: 1984)

TK 25 2127, Kreis Segeberg

Das Birkenstadium mit Pfeifengras im Unterwuchs herrscht vor
(rd. 95 %), nur kleinere Flächen weisen das reine Pfeifengrasstadium auf. Typische Hochmoorpflanzen wie Glockenheide, Rosmarinheide u. a. fehlen fast gänzlich. Lediglich das Scheidige
Wollgras und diverse Torfmoose sind in einigen nassen Torfstichen zu finden.

Negative Einflüsse
Durch die noch vorhandenen Entwässerungsgräben im Moor sowie
durch z. T. hohe Torfkanten trocknet das Moor immer weiter
aus. Die Entwässerung des umliegenden Grünlandes unterstützt
diesen negativen Vorgang.

Folgerungen
Zur Verbesserung dieses Biotops sollten wasserhaltende Maßnahmen durchgeführt werden. Aufgrund der vorhandenen Vegetation
könnte das Ziel in diesem Falle die Entwicklung zum Birkenbruch sein.

Abb. 10: Wasserhaltige Torfstiche im Holmer Moor

10. Fischbeker Moor

(Übersichtskarte/Nr. 30)

<u>Zustand</u>

Nördlich von Tremsbüttel, Kreis Stormarn, liegt das ca. 9 ha
große Fischbeker Moor, ein ausgetrockneter Erlenbruch. In den
dichten Erlenbestand mischen sich vereinzelt Birken und Weiden. Der Unterwuchs besteht u. a. aus Schilf (Phragmites communis), Pfeifengras (Molinia coerulea), Brennessel (Urtica
dioica), Sumpfhaarstrang (Peucedanum palustre), Bittersüßem
Nachtschatten (Solanum dulcamara) und Sumpfkratzdistel
(Cirsium palustre). Umgeben ist das Fischbeker Moor von
Intensivgrünland (s. Abb. 11).

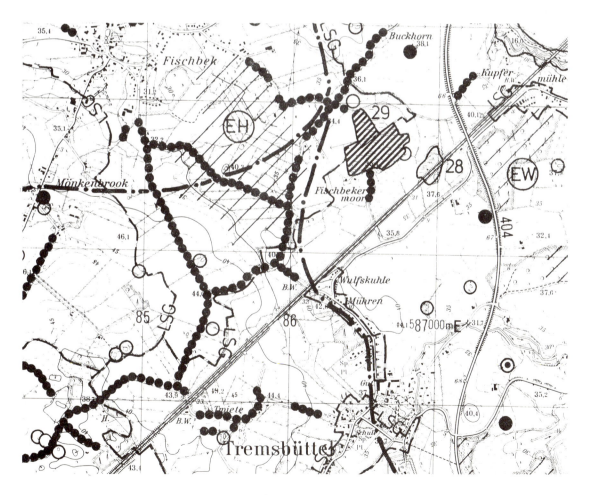

Abb. 11: Fischbeker Moor (Biotop Nr. 29)
   Auszug aus dem Biotopkataster (Stand: 1984)
   TK 25 2227, Kreis Stormarn

Negative Einflüsse

Nicht nur die starke Entwässerung, sondern auch der Düngereintrag vom angrenzenden Grünland führt zu einer fortlaufen-
den Degenerierung des Erlenbruches.

Folgerungen

Zur Verbesserung dieses Biotopes müßten einige der Grünland-
parzellen aus der intensiven Nutzung herausgenommen und die
weitere Entwässerung des Erlenbruches unterbunden werden.

D Besonders schutzwürdige Hoch- und Zwischenmoore (NSG-Vorschläge; § 16)

Vorbemerkung

Die im folgenden behandelten Moore erfüllen h. E. die Kriterien (s. S. 8) zur Ausweisung als Naturschutzgebiet gemäß § 16 LPflegG. Sie sind im Prinzip genauso hochwertig einzustufen, wie die zum Vergleich herangezogenen geplanten und die bereits ausgewiesenen "Moor-NSG's".

Die in diesem Kapitel aufgeführten Moore unterscheiden sich von den im Kapitel C beschriebenen u. a. dadurch, daß sie - mit Ausnahme des Himmelmoores und des Hohenmoores - jeweils in einem zusammenhängenden Komplex erhalten sind und nicht oder nur im Randbereich zersplittert sind. Dadurch haben sich wahrscheinlich auch die weiteren Auswirkungen der negativen Einflüsse in Grenzen gehalten, so daß wir in diesen Mooren noch ein mit Erfolg renaturierbares Potential vorfinden.

Selbst diese Moore sind jedoch durch fortlaufende Entwässerungsmaßnahmen, Eutrophierung, Vertritt usw. in ihrem Restbestand gefährdet. Deshalb müssen umgehend Maßnahmen ergriffen werden, um diese Eingriffe rückgängig zu machen.

1. Tävsmoor

(Übersichtskarte/Nr. 2)

Eine Besonderheit unter den Mooren des Hamburger Umlandes
stellt das Landschaftsschutzgebiet am Flugplatz Appen-Uetersen
dar. Es setzt sich aus dem Tävsmoor und dem Haselauermoor zusammen. Im folgenden wird das gesamte Gebiet zur Vereinfachung
nur Tävsmoor genannt (s. Abb. 12).

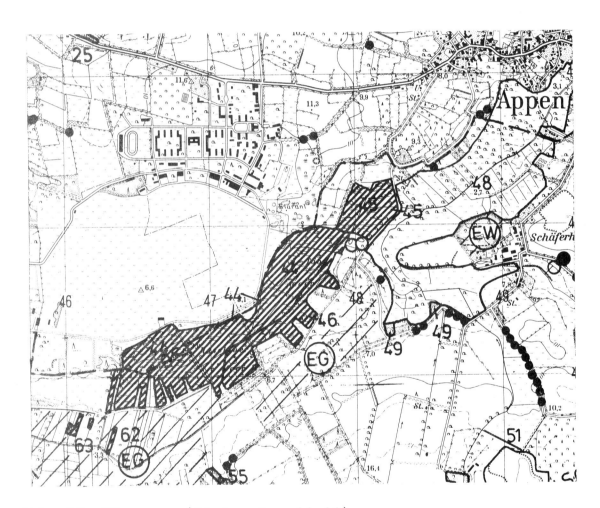

Abb. 12: Tävsmoor (Biotop-Nr. 44-46)
Auszug aus dem Biotopkataster (Stand: 1981)
TK 25 2324, Kreis Pinneberg

1.1 Allgmeines

Das Tävsmoor ist deshalb besonders herauszustellen, weil es aus der Kategorie der übrigen Moore herausfällt. Es handelt sich hierbei um ein Zwischenmoor mit Niedermoorbereichen und nur kleinen degradierten oder gerade regenerierenden Hochmoorbereichen.

Das ehemalige "Heidemoor" (URBSCHAT 1972), auf dem vor 80 Jahren noch Preißelbeeren gesammelt wurden, ist zum Flugplatz aufgeschüttet worden.
Weitere Moorflächen sind im Handstich abgetorft, in Grünland umgewandelt oder aufgeforstet worden. Die Nutzungsbenachbarung besteht aus Grünland - mehr oder weniger intensiv -, Fichtenforst, Flugplatz, Schrottplatz, Truppenübungsplatz und Acker- und Baumschulflächen.

1.2 Vegetation (s. Karte S. 42/43)

Die überschlägliche Vegetationsaufnahme hat bereits 13 Vegetationseinheiten erbracht. Bei einer genauen pflanzensoziologischen Aufnahme, wie sie 1984 von der Technischen Universität Berlin durchgeführt wurde und z. Zt. im Rahmen einer Diplomarbeit ausgearbeitet wird, ist mit einer beträchtlichen Erhöhung der Anzahl zu rechnen.

Die einzelnen Vegetationseinheiten sind oftmals nicht klar voneinander abzugrenzen, sie sind an vielen Stellen des Moores mosaikartig ineinander verwachsen.
So gehen z. B. das Hochstaudenried, Röhricht und Weidengebüsch kleinsträumig ineinander über. An anderer Stelle sind es das Röhricht, Hochstaudenried, der Birkenbruch und offene, baumfreie Torfmoos-Schwingdecken mit Hochmoor- und Niedermoorarten.
Folgende Haupt-Vegetationszonen können unterschieden werden:
Die Bruchwaldzone tritt sehr differenziert auf. Von Nordosten nach Südwesten gehend findet man stets trockener werdende Standorte. Während der Weiden- und Birkenbruch im Nordosten noch vielfach durch feuchte Röhrichte und Hochstaudenbestände aufgelockert ist, bildet der Weidenbruch östlich des großen Moorteiches ein schwer durchdringbares

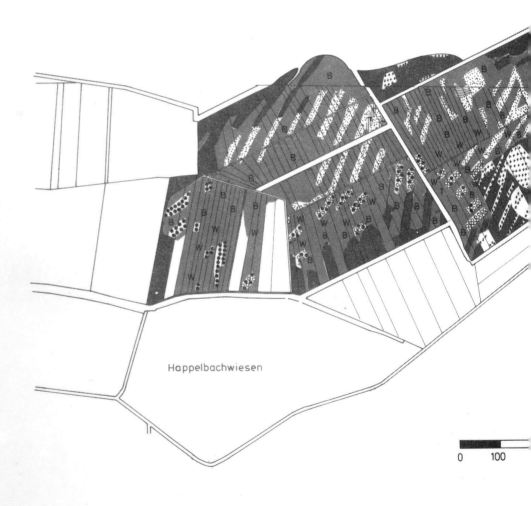

Happelbachwiesen

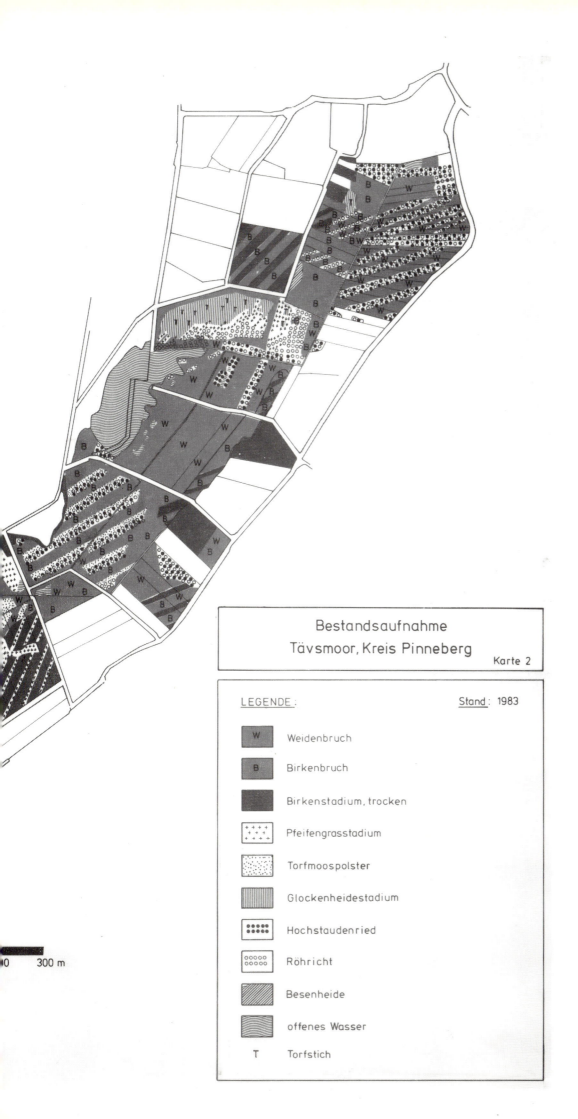

300 m

Bestandsaufnahme
Tävsmoor, Kreis Pinneberg
Karte 2

LEGENDE :   Stand : 1983

W   Weidenbruch

B   Birkenbruch

Birkenstadium, trocken

Pfeifengrasstadium

Torfmoospolster

Glockenheidestadium

Hochstaudenried

Röhricht

Besenheide

offenes Wasser

T   Torfstich

Dickicht. Der südwestlich angrenzende mehr oder weniger
feuchte Birkenbruch ist mit zahlreichen Torfstichen durchsetzt. Die Torfstiche sind meist mit Torfmoos-Schwingdek-
ken zugewachsen, weisen aber auch andere Hoch- und Nieder-
moorpflanzen auf.
Im westlichen Bereich des Moores treten in den Randbereichen das Pfeifengras- und das Birkenstadium des degenerierten Hochmoores auf. Beim Birkenstadium hat teilweise
die Entwicklung zum Eichen-Birkenwald eingesetzt oder ist
bereits vollzogen.
Zwei Flächen sind bereits einmal entkusselt worden. Bei
der einen Fläche, nördlich des großen Moorteiches, handelt
es sich um einen mit flachen Torfstichen durchsetzten
Glockenheide-Torfmoos-Bestand mit zahlreichen hochmoortypischen und z. T. seltenen Pflanzen, wie z. B. Lungenenzi-
an, Kleiner Wasserschlauch, Moosbeere u. a.
Diese Fläche scheint noch sehr nährstoffarm zu sein. Es
schließt sich südlich daran jedoch Niedermoorvegetation
(Röhricht und Bruchwald) an, deren weiteres Eindringen
durch geeignete Maßnahmen unterbunden werden müßte, um die
Vegetation der Hochmoorfläche zu erhalten. Die zweite ent-
kusselte Fläche liegt im westlichen Teil des Gebietes.
Hierbei handelt es sich um einen großflächigen Torfmoos-
Schwingrasen mit hauptsächlich hochmoortypischen Pflanzen,
wie z. B. Scheidigem und Schmalblättrigem Wollgras, Glok-
kenheide, Moosbeere u. a., als auch Niedermoorvegetation,
wie z. B. Schilf, Rohrkolben, Hundsstraußgras und Wasser-
nabel.

Die reinen Hochstaudenbestände im Nordosten des Moores
sind aus der Auflassung von Mähwiesen hervorgegangen. Noch
1981 hat auf einigen dieser Flächen eine Mahd stattgefunden.
Die Ufer des großen Moorteiches weisen weder einen
Schwimmblattgürtel noch einen Großseggengürtel auf, was
anscheinend auf alljährliche Entkrautungsmaßnahmen der
Angler zurückzuführen ist. Es stehen lediglich vereinzelt
Cypergrasseggen am Rand (s. Abb. 13). Ansonsten grenzen
direkt Röhricht und Weidengebüsch an die Uferkante an.
Überall sind von Anglern Lücken in die Ufervegetation

getreten. Der nordwestliche Uferbereich kann nur noch als Ruderalfläche angesehen werden; hier führt ein Wanderweg direkt am Teich entlang.

Abb. 13: Cypergrasseggen am östlichen Rand des großen Teiches im "Tävsmoor".

Aus der Vielzahl der hier vorkommenden Lebensräume und Vegetationseinheiten resultiert eine große Artenzahl. Wie hochwertig dieses Moor einzustufen ist, zeigt u. a. auch eine Liste von mindestens 40 Pflanzenarten, die auf der Roten Liste Schleswig-Holsteins stehen.
Als stark gefährdete Arten gelten davon z. B.

Lungenenzian	-	Gentiana pneumonanthe
Kleiner Igelkolben	-	Sparganium minimum
Draht-Segge	-	Carex diandra
Preißelbeere	-	Vaccinium vitis-idea
Fleischfarbenes Knaben-kraut	-	Dactylorhiza incarnata

Als gefährdete Arten mit allgemeiner Rückgangstendenz können hier u. a.:

Rosmarinheide	-	Andromeda polifolia
Moorlilie	-	Narthecium ossifragum
Breitblättriges Knaben-kraut	-	Dactylorhiza majalis
Schwanenblume	-	Butomus umbellatus
Kleiner Wasserschlauch	-	Utricularia minor
Weißes Schnabelried	-	Rynchospora alba

aufgezählt werden.

Diese Artenfülle und Vielfalt der Pflanzenformationen weist auf die momentane Hochwertigkeit des Gebietes hin, was bei der Erarbeitung der Zielsetzung und bei der Aufstellung eines Pflegekonzeptes berücksichtigt werden muß.

1.3 Tierwelt

Außer dem reichen Molluskenvorkommen (darunter Posthornschnecken, Teichmuscheln) konnten im Tävsmoor verschiedene Amphibien, Reptilien und Vögel beobachtet werden.

Amphibien und Reptilien

Im Tävsmoor wurden bislang drei Amphibienarten festgestellt. Neben dem Grasfrosch und der Erdkröte ist besonders das Vorkommen des Moorfrosches erwähnenswert, der nach der Bundesartenschutzverordnung zu den "vom Aussterben bedrohten Arten" der Bundesrepublik zählt.

Besonders bemerkenswert ist der Nachweis von drei Repti-

lienarten in diesem Gebiet. Neben der Ringelnatter und der
Blindschleiche, die in der Roten Liste der Tiere Schleswig-Holsteins als gefährdet eingestuft sind, ist besonders
das Vorkommen der stark gefährdeten Kreuzotter von Bedeutung.

Vögel

Als Brutvögel konnten die Stockente, Bläßralle, Höcker-
schwan und die Rohrweihe beobachtet werden. Der Graureiher
kommt nur als Nahrungsgast vor. Am großen Moorteich wurde
auch ein balzender Haubentaucher beobachtet, der jedoch
durch regen Angelbetrieb und Naherholungssuchende wieder
vertrieben wurde.
Durch Beruhigung des Gebietes könnte wahrscheinlich außer
für den Haubentaucher auch für weitere hier noch nicht
bzw. nicht mehr vorkommende Vogelarten ein Brutbiotop ge-
schaffen werden.

1.4 Wasserverhältnisse

Im Vergleich zu anderen Mooren ist das Tävsmoor selbst im
Sommer noch relativ feucht. Wird das Entwässerungssystem
jedoch aufrechterhalten, wird auch dieses Moor eines Tages
total trockenfallen und eine Entwicklung zum Eichen- Birkenwald vollziehen.
Im nördlichen Bereich beruht die stärkste Entwässerung auf
dem breiten Vorfluter, der mitten durch das Moor hindurch-
führt und der dort, wo noch genutztes Grünland direkt an-
liegt, regelmäßig geräumt wird. Zusätzlich ist das Moor
von vielen kleinen Wegrandgräben und Stichgräben durchzo-
gen, die aber zum größten Teil nicht mehr unterhalten werden und teilweise stark verkrautet und ausgetrocknet sind.
Der große Teich nimmt Wasser vom angrenzenden Sportflugha-
fen auf. Es ist aus der Vegetation nicht zu ersehen, ob es
sich nur um Oberflächenwasser oder auch um irgendwelche
Abwässer handelt.

1.5 Negative Einflüsse

- Die Kalkung des Großen Moorteiches führt zur Eutrophierung des nordöstlich des Teiches gelegenen Gebietes, in
welches das Wasser hineingedrückt und bei hohem Wasserstand über Gräben hineingeleitet wird.

- Durch Entkrautungsmaßnahmen, die jährlich von den Anglern durchgeführt werden, wird die Verlandungszone im
Großen Moorteich regelmäßig vernichtet.

- Durch die uneingeschränkte Nutzung des Uferbereiches des
Teiches als Angelsteh- oder -sitzplatz wird die Ufervegetation in großem Ausmaß beeinträchtigt oder gar zerstört. Außerdem wird die Vogelwelt beunruhigt.

- Eine weitere Entwässerung des gesamten Moores führt
zwangsläufig zur weiteren Verbuschung, die sich zum Wald
weiterentwickeln würde.

- Der Truppenübungsplatz wird bei einigen Übungen in das
Moor hinein ausgedehnt, die Soldaten betreten das gesamte Gebiet und bauen provisorische Brücken und Stege über
Gräben. Hierbei wird Unruhe in das Gebiet gebracht,
Pflanzen weren zertreten und immer mehr Trampelpfade
entstehen, die auch von Erholungssuchenden genutzt werden.

- Das gesamte Moor ist von zahlreichen Wegen und Trampel-
pfaden zerschnitten, die sowohl zum Wandern, Radfahren,
Reiten, Mopedfahren als auch z. T. zum Befahren mit dem
PKW benutzt werden. Durch die Stadtnähe wird das Moor
auf allen Wegen sehr stark von Besuchern frequentiert
und damit auch belastet.

- Über die Entwässerung der im Moor liegenden Grünlandpar-
zellen wird auch das Moor weiterhin entwässert.

1.6 Folgerungen

Eine baldige Ausweisung des Tävsmoores als Naturschutzgebiet ist aufgrund der sehr hohen Wertigkeit des Gebietes
nötig, um schon einige der negativen Einflüsse, die den
Erhalt des Moores stark beeinträchtigen, ausschalten zu
können.

1.6.1 Zielsetzung

Das Tävsmoor ist so, wie wir es heute vorfinden, als ein ökologisch wertvolles Zwischenmoor anzusehen. Deshalb sollte es das Ziel sein, mit geeigneten Maßnahmen dieses Moor zur erhalten und die negativen Eingriffe zu unterbinden und so weit wie möglich rückgängig zu machen.

1.6.2 Unterschutzstellung

Der Schutzstatus des Landschaftsschutzgebietes reicht nicht aus, um das Tävsmoor vor der konkurrierenden Nutzung (s. Pkt. 1.5) zu bewahren.
Zum einen handelt es sich bei diesem Moor um ein sehr wertvolles Gebiet mit einer bemerkenswerten Artenfülle. Zum anderen wird es zur nachhaltigen Sicherung und zum Schutz vor weiteren negativen Einflüssen erforderlich sein, in einigen Bereichen des vorgeschlagenen Naturschutzgebietes die ordnungsgemäße Landwirtschaft, Forstwirtschaft und Angelnutzung aufzugeben oder zu extensivieren.

Ausweisung als Naturschutzgebiet

Der Abb. 14 ist die als NSG auszuweisende Fläche zu entnehmen. Die größte Bedeutung ist dabei der Schutzzone I beizumessen, die außer den Biotopen Nr. 44 und 45 auch landwirtschaftlich und forstwirtschaftlich genutzte Flächen einbezieht. Unter Berücksichtigung der noch näher zu untersuchenden Wasserverhältnisse und Möglichkeiten einer Renaturierung sollten diese genutzten Flächen kurzfristig extensiviert oder aus der Nutzung genommen und nach ökologischen Gesichtspunkten entwickelt werden.
In der Schutzzone II sollte mittelfristig eine Extensivierung durchgeführt werden, jedoch müßten auch hierfür noch genauere Untersuchungen erfolgen. Diese Schutzzone sollte langfristig eine hydrologische Pufferzone bilden.

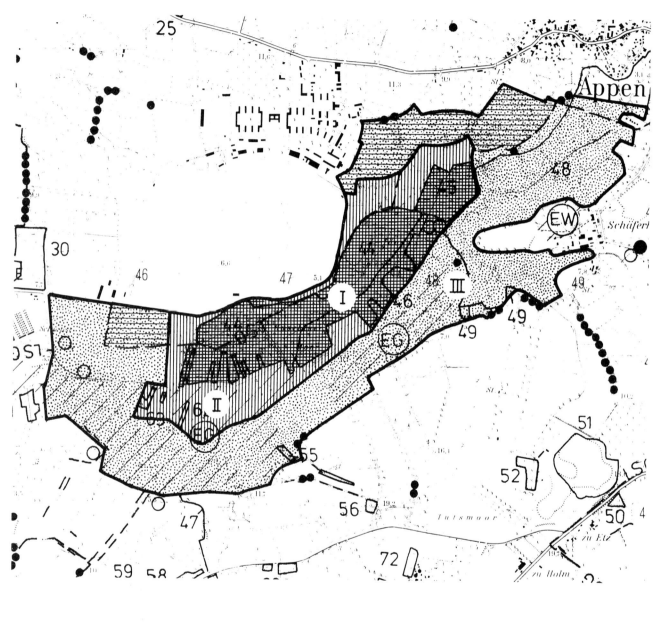

Schutzzone I ⎤ vorgeschlagenes
Schutzzone II ⎦ Naturschutzgebiet
Schutzzone III best. o. vorgeschl. LSG (s. Text)
vorgeschlagenes Landshcaftsschutzgebiet

Abb. 14: Vorschlag zur Abgrenzung eines Naturschutzgebietes "Tävsmoor"

Erweiterung des Landschaftsschutzgebietes

Zur Vervollständigung der Pufferzone (Zone III) um das
vorgeschlagene NSG "Tävsmoor" sollte das bestehende
LSG nördlich und westlich des Tävsmoores erweitert
werden. Nützlich wäre auch eine Pufferzone im Nord-
westen des Gebietes, was jedoch aufgrund des Sport-
flughafens und des Truppenübungsplatzes der Bundeswehr nicht realisierbar ist.
Gegenüber dem übrigen LSG sollte bei evtl. Ausnahme-
genehmigungen die besondere Funktion der Zone III
berücksichtigt und eine Nutzungs-Intensivierung sowie jegliche Bauten untersagt werden.

1.6.3 Maßnahmenkatalog

Vorbereitende Maßnahmen

Für ein genaues Pflegekonzept müssen im voraus noch
einige Untersuchungen durchgeführt werden.

o Bestandsaufnahme der Gräben
   Zur Planung wirksamer Wasserhaltungsmaßnahmen im
   Moor ist eine genaue Bestandsaufnahme der Gräben,
   d. h. Vorfluter oder Stichgräben und deren Fließrichtung, erforderlich.

o Nivellement
   Im Bereich der Gräben sollte ein grobes Höhennivellement durchgeführt werden, nach dem bei Staumaßnahmen die erforderlichen Mindestabstände der
   Staus berechnet werden können. Das gesamte Moor
   sollte grob nivelliert werden, um berechnen zu
   können, welche Bereiche in welchem Ausmaß von der
   Anhebung des Wasserspiegels betroffen sein werden.

o Wasseruntersuchungen
   Das vom Flugplatz in den Großen Moorteich flie-
   ßende Wasser müßte dringend auf seinen Nährstoffgehalt untersucht werden, um entscheiden zu können, ob dieser Zufluß unterbunden werden muß oder

nicht. Auch der Nährstoffgehalt des großen Teiches sollte untersucht werden, um entsprechende
Maßnahmen ergreifen zu können.

o Grünlandkartierung
  Eine genaue Zielsetzung zur Entwicklung und Pflege des Grünlandes in Schutzzone I und II setzt
  eine genauere Kartierung voraus, die im Rahmen
  dieses Gutachtens nicht durchgeführt werden
  konnte.
  Dasselbe gilt für die forstlich genutzten Flächen.

Erste Maßnahmen

o Wasserhaltung
  Sämtliche aus dem Moor herausführenden Gräben
  sollten unter Berücksichtigung der vorbereitenden
  Maßnahmen abgedichtet werden.

o Angelnutzung
  Die Nutzung des Großen Moorteiches wie auch der
  kleinen zu Fischteichen erweiterten Torfstiche
  sollte stark eingeschränkt werden.
  a) Jegliche Aufkalkung wäre zu unterbinden, da
     der Austausch des Moorwassers mit dem Teich-
     wasser die Moorvegetation negativ beeinflussen
     kann.
  b) Am großen Teich sollte nur noch das Westufer
     zugänglich sein, um die übrige Ufervegetation
     zu schonen.
  c) Eine Entkrautung der Fischteiche ist zu unter-
     sagen, da sie der natürlichen Moorentwicklung
     entgegensteht.

o Wegeführung
  Sämtliche Wege im und teilweise am Moor sollten
  für Motorfahrzeuge gesperrt werden.
  Auch für Fußgänger und Radfahrer sollten nicht
  alle Wege geöffnet sein. Der Verzicht auf das

Freihalten zuwachsender Wege und auf das Ausbessern könnte als erste Maßnahme hilfreich sein. Zur Lenkung der Erholungssuchenden sollten die freien Wege gekennzeichnet und ggf. als Bohlenwege hergerichtet werden. Die Auswahl der freizugebenden Wege müßte noch untersucht werden.

Weitere Maßnahmen

o Betreten
Die Benutzung des Moores als Übungsgelände für die Bundeswehr sollte unterbunden werden, um die Vegetation zu schonen und mehr Vögeln eine Chance zu geben, dieses Gebiet wieder als Brutbiotop anzunehmen.

o Ankauf
Um die im Moor liegenden Grünländereien aus der intensiven Nutzung entlassen zu können, ist es wahrscheinlich erforderlich, diese Flächen anzukaufen oder zu pachten. Priorität hätten dabei die Parzellen der Schutzzone I.

2. Ohmoor
(Übersichtskarte/Nr. 15)

2.1 Allgemeines

Die im Naturraum "Hamburger Ring" liegende Restfläche des
Ohmoores ist im Osten begrenzt durch eine Start- und Landebahn des Flughafens Fuhlsbüttel. Die weitere Nutzungsbenachbarung besteht aus Ackerland, Grünland, Fichtenforst
und Siedlungsbereichen. Nach dem Flächenverlust durch den
Bau der Startbahn ist das Restmoor neben der ständigen
Entwässerung vor allem durch Erholungssuchende - Reiter,
Spaziergänger - und die zum Teil unrechtmäßige Bebauung
einzelner Randparzellen gefährdet.

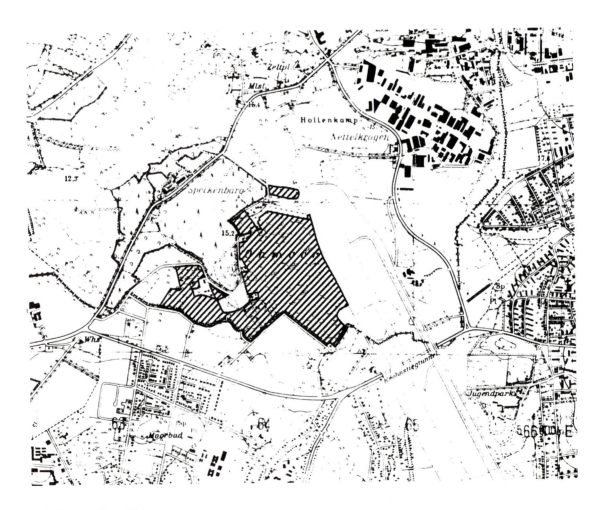

Abb. 15: Ohmoor

TK 25 2325, Kreis Segeberg

2.2 Geologisch-morphologische Entwicklung

Nachdem sich die Inlandseismassen der Eiszeit zurückgezogen hatten und es infolge Klimaverbesserung (Erwärmung) und Anstieg des Grundwassers zur Bildung von Stauseen kam, setzte sowohl in diesen Seen als auch in deren Abflußrinnen eine Vermoorung ein. In den alten Rinnen dehnten sich zunächst Flachmoore aus, auf denen teilweise Hochmoore emporgewachsen sind. Das Ohmoor (wie auch Glasmoor und Wittmoor) hat sich in einer Abflußrinne des früheren Stausees, aus dem das Duvenstedter Brook hervorgegangen ist, gebildet.

Eckehard LÖHNERT schreibt 1967 dazu:
> "Kaum eiszeitliches Alter dürfte die Eintiefung haben, die im Ohmoor durch eine Bohrung der HWW (Hamburger Wasserwerke) angetroffen wurde."

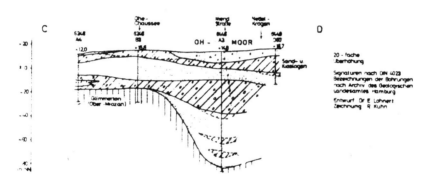

Abb. 16: Die Ausbildung der eiszeitlichen Schichten im Schnitt West-Ost durch den Untergrund von Garstedt (aus: LÖHNERT, 1967 "Die geologischen Verhältnisse der Gemeinde Garstedt", in 'Die Heimat' 4/1967)

Nach LÖHNERT lagerte der Hochmoortorf mit max. 1,5-2 m Mächtigkeit über Flachmoortorf bzw. 5-10m mächtigen entkalkten Sanden.

2.3 Ausdehnung

Die stetige Verminderung der Moorfläche durch Kultivierung, Besiedelung und zu guter Letzt den Bau einer Start- und Landebahn des Flughafens Fuhlsbüttel ist deutlich auf den topographischen Karten von 1878-1973 zu verfolgen. Heute sind von dem ehemals sehr großen zusammenhängenden Moorgebiet nur noch ca. 40 ha übrig (s. Abb. 17).

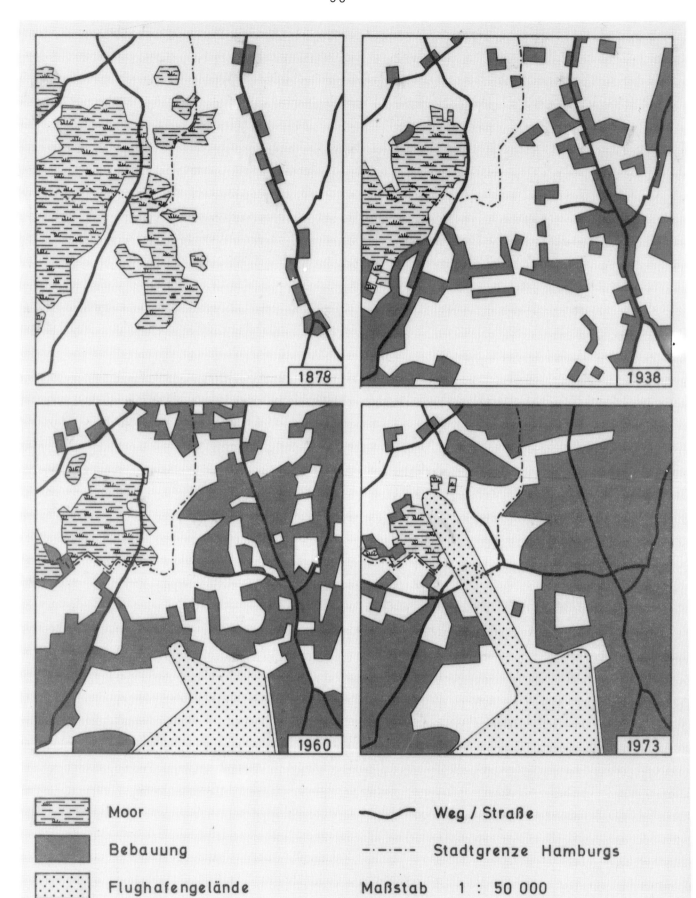

Abb. 17: Flächenverlust im Ohmoor von 1878-1973 im Bereich
Hamburg/Schleswig-Holstein

2.4 Pflanzenwelt

(s. Karte S. 58/59)

Durch die anhaltende Entwässerung, nicht nur über die Gräben im Moor, sondern auch über die vom Rand her in das
Moor hineinragenden genutzten Flächen, findet schon seit
langem eine Degeneration statt. In großen Bereichen hat
sich deshalb bereits das Birkenstadium eingestellt. Im
Innern des Moores gibt es jedoch noch wertvolle feuchte
Heideflächen und regenerierende Torfstiche.

Das Birkenstadium hat sich über das ganze Moor ausgebrei-
tet. Im westlichen Bereich, der durch Besiedlung stark
durchsetzt ist, wie auch im Randbereich der übrigen Moorfläche, beginnt bereits die Entwicklung zum Laubwald; das
Pfeifengras ist weitgehend von der Drahtschmiele abgelöst
worden, und partiell wandert die Eiche oder Vogelbeere ein.
Auch dort, wo noch das Pfeifengras den größten Teil des
Unterwuchses darstellt, ist das Moor in moor-ökologischer
Hinsicht als tot zu bezeichnen. Nur an wenigen Stellen
sind vereinzelt hochmoortypische Arten, wie z. B. Glockenheide, Besenheide oder Torfmoos (Sphagnum cuspidatum) zu
finden. Die Torfstiche in diesen Bereichen sind meist ausgetrocknet und ohne Bewuchs. Lediglich im Norden, wo Bebauung anschließt, sind die Torfstiche mit Wasser, aber
auch mit Müll gefüllt.

Das Pfeifengrasstadium beherrscht vor allem im Moorinnern
größere Bereiche. Dadurch, daß diese Flächen in den letzten Jahren ständig naß waren, konnten sich u. a. das
Schmalblättrige Wollgras (Eriophorum angustifolium) und
Torfmoose ausbreiten. Nur an wenigen Stellen kommen Glok-
kenheide (Erica tetralix), Besenheide (Calluna vulgaris)
und Rosmarinheide (Andromeda polifolia) vor. Die in diesen
Bereichen vorkommenden Birken sind - wahrscheinlich durch
den hohen Wasserstand und durch einen Moorbrand im Frühjahr 1980 - zum größten Teil abgestorben.

Zu den wertvollsten Flächen in diesem Moor zählen die
Glockenheideflächen. Meist aus flachen Torfstichen heraus-
gewachsen breiten sich Torfmoose teppichartig aus, auf denen sich Glockenheide, Rosmarinheide, Moosbeere, Scheidi-

Landesamt für Naturschutz und Landschaftspflege
Schleswig-Holstein

Bestandsaufnahme
Ohmoor, Kreis **Segeberg**

LEGENDE :

	Birken - Pfeifengrasstadium
	Birken - Drahtschmielenstadium
	Torfstiche mit freier Wasserfläche
	Torfstiche mit Torfmoosschwingdecken
	Glockenheidestadium
	Besenheide - Bestand
	Pfeifengrasstadium
	Grünland
	bebaute Fläche, Gartennutzung

Maßstab 1:5000   △ N   Stand: 1983

Bearbeiter:
Gez.

ges- und Schmalblättriges Wollgras üppig entwickelt haben.
In Schlenken - hauptsächlich im nordwestlichen Bereich -
ist das Weiße Schnabelried (Rynchospora alba) in größeren
Beständen zu finden. Pfeifengras und Birke kommen hier nur
spärlich vor.

Im Südosten des Moores befindet sich eine von USINGER (bereits 1977) als Sandheide kartierte Fläche. Sie ist trok-
ken und hauptsächlich mit Besenheide aber auch mit Glok-
kenheide und Rosmarinheide bestanden und liegt inmitten
des Birkenstadiums.

Bei den Torfstichen handelt es sich um zwei Kategorien.
Die von der Vegetation her weniger interessanten, dafür
aber für Libellen und Vögel eher geeigneten Torfstiche
sind diejenigen, die freie Wasserflächen aber kaum Bewuchs
aufweisen. Lediglich die Torfstichkanten und Torfdämme
sind mit Heidekraut und Wollgras bewachsen; Torfmoos brei-
tet sich vom Rand her nur zaghaft aus. Wertvoller für die
Entwicklung des Ohmoores sind jedoch die regenerierenden
Torfstiche. Hier haben sich Torfmoos-Schwingdecken mit
Massenvorkommen der Moosbeere sowie mit Glockenheide, Rosmarinheide und Schmalblättrigem Wollgras entwickelt. Birken, Heidelbeere, Besenheide und Pfeifengras kommen nur
auf den Torfdämmen vor.

Gefährdete und im Bestand stark zurückgehende Pflanzenarten

Rosmarinheide	-	Andromeda polifolia
Moosbeere	-	Vaccinium oxycoccus
Rundblättriger Sonnentau	-	Drosera rotundifolia
Weißes Schnabelried	-	Rynchospora alba

Abb. 18: Feuchte Glockenheidefläche

2.5 Tierwelt

Vögel

Nach einer Untersuchung des Deutschen Jugendbundes für Na-
turbeobachtungen (DJN) Niendorf konnten 1982/83 nur noch 4
Brutvögel im Ohmoor nachgewiesen werden.

ehemaliger Brut-vogelbestand:	Bestand 1955	Bestand 1982/83
Stockente	einige Bruten	je 1 Brut
Knäkente	+	+
Krickente	1-2 Paare reg.	1 Brutversuch (83)
Birkhuhn	+(1939)	+
Kiebitz	1-2 Paare	+
Brachvogel	1 Paar reg.	+
Bekassine	1-2 Paare	2 Reviere
Bruchwasserläufer	mind. 2 Paare reg.	+
Sumpfohreule	+	+
Neuntöter	?	+
Rohrammer	4-5 Paare	3-4 Reviere

+ = Art verschwunden   reg. = regelmäßig

Tabelle zur Entwicklung des Brutvogelbestandes (aus: MAUSS, 1982/83)

Das Verschwinden drei weiterer Arten des ehemaligen Brut-vogelbestandes seit 1955 führt MAUSS auf den Flughafenbau und die zunehmende Degeneration des Moores zurück.
Als Rast- und Nahrungsgebiet hat das Ohmoor eine etwas größere Bedeutung. Neben einer Vielzahl von Greifvögeln (im Frühjahr und Herbst) dominieren vier Arten, die ty-pisch sind für degenerierte Moore (z. B. Fitis, Baumpie-per, Goldammer). Außerdem kommen zahlreiche Park- und Gar-tenvögel (z. B. Amsel, Kohlmeise, Singdrossel) vor, was MAUSS auf die Zersiedlung des Moorrandbereiches zurück-führt.

Libellen

Das Ohmoor hat eine besondere Bedeutung als Rückzugsbiotop für Libellen. Der DJN Niendorf konnte 1982/83 24 Arten be-obachten, von denen mindestens 17 Arten dort ablaichen.
Als Erstnachweis für Schleswig-Holstein wurde im Ohmoor die Gebänderte Heidelibelle (Sympetrum pedemontanum) ge-funden.
Von den 24 Arten sind in der Roten Liste Schleswig-Hol-steins (1982) 3 als vom Aussterben bedroht (A 1.2), 4 als stark gefährdet (2) und 6 als gefährdet (3) eingestuft.

Die 3 vom Aussterben bedrohten Libellen werden nicht als
bodenständig (im Gebiet laichend) aufgeführt, dagegen je-
doch folgende im Ohmoor häufige, stark gefährdete Arten:
Speerazurjungfer (Coenagrion hastulatum)
Gefleckte Heidelibelle (Sympetrum flaveolum)
Kleine Moosjungfer (Leucorrhinia dubia)
Nordische Moorsjungfer (Leucorrhinia rubicunda).

Amphibien und Reptilien

Während bislang nur 2 Amphibienarten nachgewiesen werden
konnten, nämlich der Grasfrosch und die Erdkröte, halten
sich im Ohmoor 4 Reptilienarten auf, von denen die Kreuzotter in der Roten Liste Schleswig-Holsteins als stark gefährdet, die Ringelnatter als gefährdet eingestuft sind.
Als noch nicht gefährdete, aber rückläufige Bestandsten-
denz aufzeigende Art wurde die Zauneidechse beobachtet.

2.6 Wasserverhältnisse

Eine direkte Entwässerung des Moores findet hauptsächlich
über Randgräben, Gräben entlang der bebauten und sonst
genutzten Flächen und entlang einiger Wege statt. Indirekt
wird es auch über die Entwässerungssysteme der angrenzenden Flächen wie Startbahn, landwirtschaftliche Nutzflächen, Ponyweiden, aufgeforstete Flächen usw. entwässert.
U. a. ist aufgrund unterlassener Gräbenräumungen in den
letzten Jahren eine Verbesserung der Wasserverhältnisse
vor allem im Zentrum des Moores eingetreten. Im Winter
steht das Wasser dort sogar an.

2.7 Negative Einflüsse

- Die direkt angrenzende Besiedlung trägt zur weiteren
  Entwässerung und zur Eutrophierung des Moores bei. Vor-
  wiegend im nördlichen Teil werden alte Torfstiche als
  Müllabladeplätze verwendet. (Eingriff gem. § 11 LPflegG)

- Durch das Reiten im Moor kommt es ebenfalls zur Eutrophierung und zur Zerstörung der Vegetation, da ganz of-
  fensichtlich nicht nur die vorhandenen, mehr oder weniger befestigten Wege benutzt werden. Außerdem trägt es
  zur Beunruhigung der Tierwelt bei.

- Weiterhin ist durch die im Moor liegende alte Mülldeponie, die jetzt als Lagerplatz einer Garten- und Landschaftsbau-Firma dient, eine Eutrophierung durch Auswaschung zu befürchten.
- Solange die im und am Rand des Moores gelegenen Weiden noch entwässert werden, wird auch das Moor mit entwässert. Eventuelle Düngergaben könnten im Grenzbereich auch ins Moor gelangen.
- Die Abgase der Flugzeuge können negative Auswirkungen auf die Entwicklung der empfindlichen Torfmoose haben (s. Abb. 19).

Abb. 19: Nutzungsbenachbarung Start- und Landebahn

2.8 Folgerungen

2.8.1 Zielsetzung

Das Ohmoor bietet im Kernbereich (s. Abb. 20: I)
langfristig die Voraussetzungen für eine Hochmoor-
Regeneration. Die Grundlage bilden die großflächig
vorhandene hochmoortypische Zwergstrauch- und Kraut-
flora, die auf ständig feuchtem Torf steht, und wo
sich das Torfmoos "Sphagnum fallax" bereits zu dich-
tem Rasen entwickeln konnte, sowie die dort auch
zahlreich vorkommenden Torfstiche, die mit gut ent-
wickelten und wüchsigen Schwingdecken bedeckt sind
(USINGER, 1977). Einen weiteren positiven Aspekt
bildet auch der aktuelle Fund - wenn bisher auch nur
in geringen Mengen - des hochmoorbildenden Torfmoo-
ses "Sphagnum magellanicum", das nach USINGER im
Jahre 1977 nicht im Ohmoor vorkam.

2.8.2 Unterschutzstellung

Anhand der Darstellung des Flächenrückganges 1878 -
1973 (Abb. 17) ist die ehemalige Ausdehnung des Ohmoores ungefähr vorstellbar. Um den zwar kärglichen
aber doch wertvollen Rest des Moores zu erhalten,
bedarf es eines großzügigen Flächenschutzes.

Ausweisung als Naturschutzgebiet

Der noch als Hochmoor im Sinne des LPflegG anzuspre-
chende zusammenhängende Komplex sollte dem stärksten
Schutz unterstellt werden. Mit einbezogen werden in
das künftige Naturschutzgebiet sollten die Grünlandflächen im und am Moor sowie die bebauten Flächen.
Besondere Beachtung bei der Verfassung einer Verord-
nung und der Erstellung eines Pflegekonzeptes sollte
dabei der östliche Bereich erfahren, der hier als
Schutzzone I bezeichnet wird. In dieser Schutzzone
muß jede Beeinträchtigung sofort unterbunden werden,
um den wertvollen Pflanzenbestand zu erhalten (vgl.
Karte S. 58/59).
Die übrige Fläche des auszuweisenden Naturschutzgebietes, die sog. Schutzzone II, sollte mittel- bis

langfristig von jeglicher konkurrierenden Nutzung
befreit werden. Zur Durchsetzung dieser Forderung
wird sich der Ankauf einzelner Parzellen nicht um-
gehen lassen.

Pufferzone

Wie bereits erwähnt, ist die konkurrierende Nutzung im
Hamburger Umland sehr stark. Um das vorgeschlagene NSG
"Ohmoor" vor zu starken randlichen Beeinträchtigun-
gen zu bewahren, ist eine Pufferzone, die Schutzzone
III, einzurichten. Diese Zone sollte als Landschaftsschutzgebiet ausgewiesen werden. Um einen An-
schluß an das bestehende LSG des Kreises Pinneberg
zu bekommen, sollte das auszuweisende LSG bis an die
Kreisgrenze ausgedehnt werden (s. Abb. 20). In der
Zone III sollte jegliche Nutzungsintensivierung oder
weitere Zerstückelung der Landschaft durch Straßen
u. a. Bauten unterbunden werden.
Als Unterstützung der Bemühungen um den Schutz des
Ohmoores ist die geplante Ausweisung als Landschaftsschutzgebiet der südlich angrenzenden Flächen
auf Hamburger Gebiet anzusehen.

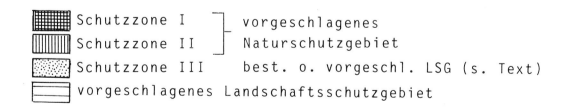

Schutzzone I   ⎤ vorgeschlagenes

Schutzzone II   ⎦ Naturschutzgebiet

Schutzzone III   best. o. vorgeschl. LSG (s. Text)

vorgeschlagenes Landschaftsschutzgebiet

Abb. 20: Vorschlag zur Abgrenzung eines Naturschutzgebietes "Ohmoor".

2.8.3 Maßnahmenkatalog

Vorbereitende Maßnahmen

Um ein genaues Entwicklungskonzept aufstellen zu
können, müssen im voraus noch einige Untersuchungen
durchgeführt werden.

o Wasseruntersuchungen
  Das Wasser der Gräben im Moor und am Rande des
  Moores müßte auf seinen Nährstoffgehalt geprüft
  werden, bevor evtl. Anstau-Maßnahmen geplant
  werden können.

  Auch der Nährstoffgehalt der mit Müll verfüllten
  Torfstiche im Norden des Gebietes sollte untersucht werden, um bei wasserhaltenden Maßnahmen
  eine bestimmte Entwicklung voraussehen oder durch
  gezielte Maßnahmen lenken zu können.

o Nivellement
  Es sollte ein großes Höhennivellement durchgeführt werden, nach dem bei Staumaßnahmen die
  Staustufen berechnet und die Auswirkungen gemäß
  dem Relief des Gebietes ungefähr vorausgesehen
  werden können.

Erste Maßnahmen

o Beseitigung von Müll
  Aus den Torfstichen im Norden des Moores sollte
  der Müll entfernt werden. Dieses sollte jedoch
  nur soweit durchgeführt werden, wie es auf einfa-
  che Art und Weise per Hand möglich ist, um Schä-
  digungen des Moores durch große Maschinen zu vermeiden.

o Abschirmung gegen Bebauung
  Um der Gefahr einer weiteren Eutrophierung aufgrund der randlichen Bebauung vorzubeugen, muß
  eine Schutzzone errichtet werden. Es sollten

verschiedene Möglichkeiten, wie z. B. eine
Verwallung, dichte undurchdringbare Anpflanzung,
breiter Wassergraben o. ä. geprüft werden.

o Wasserhaltung
Sämtliche aus dem Moor herausführende Gräben
sollten unter Berücksichtigung der vorbereitenden
Maßnahmen aufgestaut werden. Die Notwendigkeit
von Randabdämmungen muß noch untersucht werden.

Weitere Maßnahmen

o Entkusselung
Von einer großflächigen Entkusselung sollte zunächst einmal abgesehen werden. Die Auswirkungen
der Aufstaumaßnahmen sollten abgewartet werden.

o Wegeführung/Erholung
Zum Schutz der Vegetation und zur Beruhigung des
Gebietes ist eine Umlenkung des Erholungsverkehrs
(Reiten, Wandern usw.) aus der Schutzzone I in
die Zone III und den westlichen Teil der Schutzzone II erforderlich. Eine Aufhebung des bislang
stark frequentierten Nord-Süd-Weges in der Zone I
wird wahrscheinlich ohnehin aus hydrologischer
Sicht erforderlich sein, da die Erhaltung und
ständige Ausbesserung des Weges eine optimale
Vernässung behindern würde.

o Grünland
Da das Grünland im Rahmen des Gutachtens nicht
näher untersucht worden ist, kann noch keine
Zielsetzung eines Managements festgelegt werden.
Es sollte jedoch auf jeden Fall in der Zone II
eine Extensivierung angestrebt werden und in der
Zone III eine weitere Intensivierung unterbunden
werden.

o Ankauf

Der Ankauf von Grünlandflächen und von - z. T.
illegal - bebauten Flächen wird unumgänglich
sein, um wirksame Maßnahmen zur Erhaltung des
Moores durchführen zu können. Erste Priorität
haben dabei die direkt an die Zone I angrenzenden
Flächen.

3. Henstedter Moor
(Übersichtskarte/Nr. 1 a)

3.1 Allgemeine Aussagen zum Gebiet

Das Landschaftsschutzgebiet "Henstedter Moor" (= Lütt Wittmoor), Kreis Segeberg, liegt im südlichen Teil der Barmstedt-Kisdorfer Geest und hat noch eine zusammenhängende Restfläche von ca. 78 ha aufzuweisen. Es ist eines der Moore in der Oberalsterniederung, über dessen Gesamtraum vom Landesamt 1977 ein Gutachten zur Schutzwürdigkeit erstellt wurde. Im Gegensatz zum Wakendorfer Moor und Alsterquellmoor wurde das Henstedter Moor in dem damaligen Gutachten nicht als Naturschutzgebiet vorgeschlagen, der Schutzstatus des Landschaftsschutzgebietes wurde als ausreichend angesehen. Im Rahmen der jetzt vorliegenden umfangreichen Untersuchung des gesamten Hamburger Umlandes ergibt sich jedoch u. a. aufgrund des erweiterten Kriterienkataloges (s. S.8) ein neues Bild, so daß jetzt die Ausweisung als Naturschutzgebiet empfohlen wird. Näher analysiert worden ist das Henstedter Moor 1982 im Auftrag des Kreises Segeberg vom Landschaftsarchitekten E.-D. Hess aufgrund seiner "Untersuchung zur Durchleitung von Oberflächenwasser durch das Lütt Wittmoor in Henstedt-Ulzburg". Außer den Auswirkungen des Oberflächenwassers auf das Moor wurden auch eine Bestandsaufnahme der Vegetation, Untersuchung der Wasser- und Bodenverhältnisse sowie Vorschläge zur Pflege und Entwicklung des Gebietes erarbeitet. Diese Arbeit dient neben den eigenen Untersuchungen des Moores als Grundlage für folgende gutachtliche Aussagen.

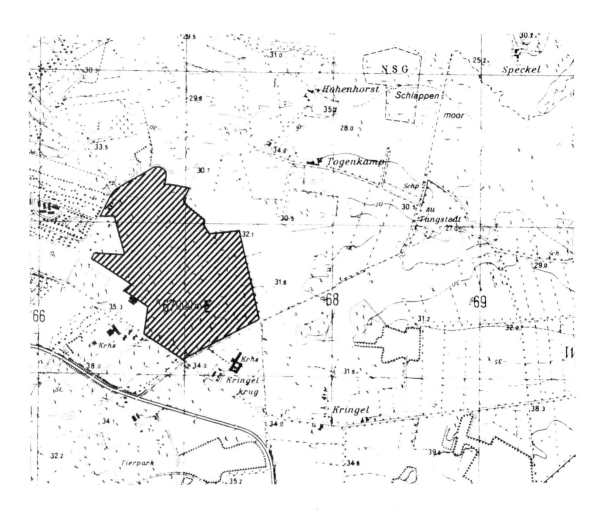

Abb. 21: LSG "Henstedter Lütt/Wittmoor",
TK 25 2226, Kreis Segeberg

3.2 Pflanzenwelt
(s. Karte S. 74/75)

Die Beschreibung der Vegetation geht aus dem Gutachten von
Hess hervor. Hervorzuheben sind jedoch die nach der Roten
Liste der Gefäßpflanzen als gefährdet und im Bestand stark
zurückgehend eingestuften Pflanzenarten:

Rosmarinheide   -   Andromeda polifolia
Rundblättriger Sonnentau-   Drosera rotundifolia
Königsfarn   -   Osmunda regalis
Weißes Schnabelried   -   Rynchospora alba
Moosbeere   -   Vaccinium oxycoccus

Abb. 22: Ehemaliger Torfstich mit Torfmoosen und Rund-
blättrigem Sonnentau

3.3 Tierwelt

Eine Folge des Wasseranstaus und damit Entstehung großer
Wasserflächen ist die Ansiedlung von Wasservögeln, hauptsächlich Enten (Stockente, Krickente).
Noch bemerkenswerter ist allerdings die große Anzahl der
Libellen, die hier vorkommen, wie z. B. die Blaue Azur-
jungfer und die Rote Heidelibelle.
Daneben kommt in diesem Gebiet aus der Gruppe der Reptilien die in der Roten Liste Schleswig-Holsteins als stark
im Bestand gefährdet eingestufte Kreuzotter vor.

3.4 Wasserverhältnisse

Ebenso wie die Vegetation sind auch die Wasserverhältnisse
dem Gutachten des Landschaftsarchitekten E.-D. Hess zu
entnehmen. Ein großes Problem ist die Einleitung von Oberflächenwasser aus dem Gebiet südlich und westlich des Moo-

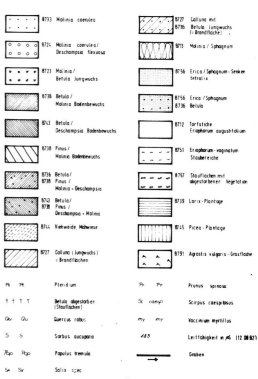

	8733	Molinia caerulea		8727 8736	Calluna mit Betula Jungwuchs (= Brandfläche)
	8724	Molinia caerulea / Deschampsia flexuosa		8713	Molinia / Sphagnum
	8723	Molinia / Betula Jungwuchs		8756	Erica / Sphagnum - Senken tetralix
	8736	Betula / Molinia Bodenbewuchs		8756 8736	Erica / Sphagnum Betula
	8743	Betula / Deschampsia Bodenbewuchs		8712	Torfstiche Eriophorum angustifolium
	8738	Pinus / Molinia Bodenbewuchs		8751	Eriophorum - vaginatum Staubereiche
	8736 8738	Betula / Pinus / Molinia - Deschampsia		8757	Stauflachen mit abgestorbener Vegetation
	8743 8738	Betula / Pinus / Deschampsia - Molinia		8739	Larix - Plantage
	8744	Viehweide, Mähwiese		8745	Picea - Plantage
	8727	Calluna (Jungwuchs) = Brandflächen		8791	Agrostis vulgaris - Grasflache

Pt Pt	Pteridium		Pr Pr	Prunus spinosa
† † † †	Betula abgestorben (Stauflachen)		Sc caesp	Scirpus caespitosus
Qu Qu	Quercus robur		my my	Vaccinium myrtillus
S S	Sorbus aucuparia		183	Leitfähigkeit in µS (12.08.82)
Pop Pop	Populus tremula		⟶	Graben
Sa Sa	Salix spec

BESTANDSAUFNAHME LÜTT WITTMOOR
Vegetationskarte
AUFNAHME   JULI / AUGUST 1982
Dr. K. Brehm
M. 1 : 2000   15.09.82

ERNST-DIETMAR HESS
Garten-und Landschaftsarchitekt BDLA
Rüsternweg 36b 2000 Norderstedt Tel. 040 / 525 3005

res. Dieses Wasser ist nährstoffreich und im Grunde schäd-
lich für eine ökologisch positive Entwicklung des Moores,
da es mit Rückständen des Straßenverkehrs und aus dem
Siedlungsgebiet (wie z. B. Auftaumittel, Öl, u. U. Wagen-
reinigungsmittel) angereichert ist. Bereits beim Vergleich
der pH-Werte ist deutlich abzulesen, daß das zugeführte
Wasser schwach sauer bis neutral ist (5,34 - 6,47), während sich das mooreigene Wasser im sauren Bereich befindet
(3,38 - 3,62).

Eine Verbesserung des Wasserhaushaltes in Hochmooren ist
zu deren Erhaltung nahezu überall notwendig und wünschens-
wert. Grundsätzlich sollte dieses jedoch nicht über eine
Einleitung von Fremdwasser geschehen, da hiermit gezwun-
genermaßen Veränderungen des Bodens und der Vegetation
einhergehen.

Über den bisherigen Einfluß des Oberflächenwassers auf den
Boden läßt sich leider nichts aussagen, da die Untersuchungen keine eindeutigen Werte ergeben haben. Zudem fehlen Angaben über Meßmethoden und Bodenbeschaffenheit. In
der Untersuchung von Hess wird z. B. der Stickstoffgehalt
der vom zufließenden Wasser unbeeinflußten, in der Regel
nährstoffarmen Torfstiche unverständlicherweise höher angegeben als im Oberflächenwasser der Straße.
Man kann jedoch davon ausgehen, daß die weitere Einleitung
von Oberflächenwasser aus dem Straßen- und Siedlungsbereich aus den bereits genannten Gründen langfristig zu
einer Eutrophierung und damit zu einer Veränderung führen
wird, die dem Ziel der Erhaltung eines Hochmoores entge-
gensteht.

3.5 Negative Einflüsse

Neben den in der bereits erwähnten Untersuchung genannten
Einflüssen sind noch weitere aufzuführen bzw. bereits be-
schriebene stärker zu verdeutlichen.
- Die Entwässerung des Moores, im Grunde auch über den
  stark ausgebauten Graben, der das Straßenwasser auf-
  nimmt, wird das Moor in weiten Teilen weiter austrock-

nen. Eine weitere negative Veränderung der Vegetation in
Richtung Moorbirkenwald ist zu erwarten.

- Durch die Zugänglichkeit des Moores und den starken
  Druck der Erholungssuchenden sind zahlreiche
  Trampelpfade im gesamten Gebiet entstanden, die mehr
  oder weniger intensiv genutzt werden.
- Die Reiter des im Süden anliegenden Reitstalles benutzen
  auch die Moorwege, wodurch es immer wieder zu einer Beunruhigung im Moor kommt.

3.6 Folgerungen

3.6.1 Zielsetzung

Durch die starke Abtorfung und Entwässerung hat sich
der Charakter des Henstedter Moores dermaßen verändert, daß die Voraussetzungen für eine echte Hochmoor-Regeneration fehlen. Die hier zu ergreifenden
Maßnahmen sollten vielmehr dazu dienen, das Moor in
seiner Vielfalt zu erhalten, den Wasserhaushalt zu
verbessern und die Ausbreitung bereits vorhandener
Torfmooskomplexe und Heidekrautflächen zu fördern.
Zur Erhaltung dieses als oligotrophes Moor-/ Heide-
gebiet anzusprechenden Gebietes und zur Verbesserung
des Wasserhaushaltes sollte lediglich das mooreigene
Wasser gehalten werden.
Eingeschlossen in dieses Gebiet ist im östlichen und
südöstlichen Bereich eine Sandheidefläche, die als
solche erhalten und gepflegt werden sollte.

3.6.2 Unterschutzstellung

Ausweisung als Naturschutzgebiet

Weder der § 11 des Landschaftspflegegesetzes noch
der Status des Landschaftsschutzgebietes waren bisher ausreichend, um das Henstedter Moor vor negativen Einflüssen zu bewahren. Deshalb ist ein konse-
quenterer Flächenschutz erforderlich, d. h. eine
Ausweisung als Naturschutzgebiet im Zusammenhang mit

Maßnahmen, die dazu geeignet sind, das Gebiet der
Zielsetzung entsprechend zu entwickeln und zu erhalten. Als Kerngebiet sind dabei die in der Abb. 23
dargestellten Schutzzone I und II auszuweisen, wobei
in der Zone I kurzfristig alle negativen Einflüsse
unterbunden werden sollten. Die Flächen der Schutzzone II sollten mittel- bis langfristig dahingehend
entwickelt werden, daß sie eine Funktion als Schutzzone für das Moor übernehmen können.

Pufferzone
Darüber hinaus bedarf es noch einer dritten Zone
(III), die so weiträumig gefaßt sein muß, daß sie
als Pufferzone gegenüber der Bebauung, landwirtschaftlichen Nutzung usw. wirken kann.
In dem Gutachten zur Schutzwürdigkeit der Oberalsterniederung ist bereits ein weiträumiges LSG vorgeschlagen worden. Zur Zeit wird jedoch u. a. auf
der Grundlage der Biotopkartierung im Kreis Stormarn
ein Schutzkonzept für den "Großraum" Oberalsterniederung erarbeitet, in dem nicht nur Moore erfaßt
sind.

3.6.3 Maßnahmenkatalog

Vorbereitende Maßnahmen

o Kartierung der Gräben
Es sollten sämtliche Gräben, auch solche, die zugewachsen und funktionslos erscheinen, kartiert
werden. Wichtig ist vor allem die Fließrichtung
und eine Unterscheidung der breiten, stark was-
serführenden und der schmalen Gräben, um vorpla-
nen zu können, aus welchem Material und wie sta-
bil die Staus errichtet werden müssen.

o Nivellement
Ein grobes Höhen-Nivellement ist zur Abschätzung
der Auswirkungen von Anstaumaßnahmen sowie zur
Berechnung von einzurichtenden Staustufen erforderlich.

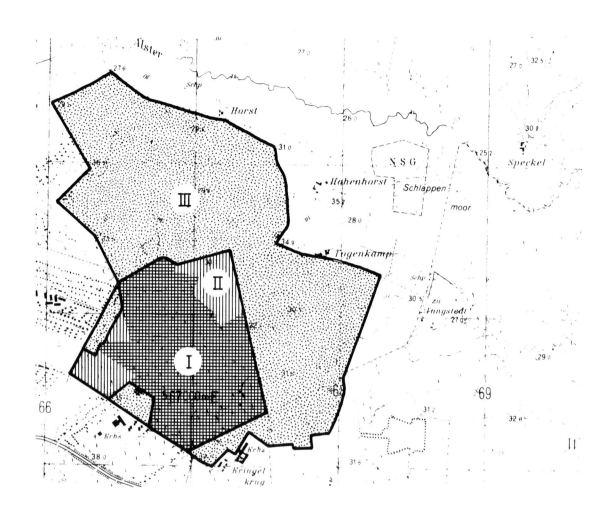

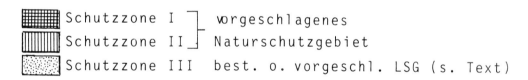

Schutzzone I ⎤ vorgeschlagenes
Schutzzone II ⎦ Naturschutzgebiet
Schutzzone III best. o. vorgeschl. LSG (s. Text)

Abb. 23: Vorschlag zur Abgrenzung eines Naturschutzge-
         bietes "Lütt Wittmoor"

Erste Maßnahmen

o Umleitung oder Durchleitung des Oberflächenwassers.

   Die wichtigste Maßnahme für dieses Gebiet ist die
   Unterbindung des Zuflusses nährstoffreichen
   Wassers, d. h. des Oberflächenwassers aus dem
   Straßen- und Siedlungsbereich. Durch das pro-
   jektierte Vorklärbecken können Verunreinigungen
   teilweise abgefangen werden, gelöste Stoffe und
   damit auch der pH-Wert des Wassers werden sich
   jedoch nicht wesentlich ändern.
   Gleichzeitig muß das mooreigene Wasser im
   gesamten Moor gehalten werden, um eine erneute
   Austrocknung der durch die Wasserzufuhr vernäßten
   Bereiche zu vermeiden.
   Es gibt inzwischen mehrere Vorschläge zur Umleitung des Oberflächenwassers, deren technische
   Durchführbarkeit und Einfluß auf das Henstedter
   Moor sowie die Oberalsterniederung noch untersucht werden. Gegebenenfalls wird noch ein was-
   serwirtschaftliches Gutachten erforderlich sein,
   bevor eine endgültige Festlegung über Art und
   Weise der Umleitung erfolgen kann.

o Wasserhaltung
   Sämtliche aus dem Moor herausführenden Gräben
   sollten geschlossen werden. Unter Berücksichtigung des Nivellements sollten stärker wasserfüh-
   rende Gräben mehrfach gestaut werden.

o Mähen als Grundmaßnahme
   Um den lichtliebenden Moorpflanzen eine bessere
   Möglichkeit zur Entwicklung und Ausbreitung zu
   geben, sollten versuchsweise einige Pfeifengrasflächen, die noch moortypische Vegetation (Glok-
   kenheide, Torfmoos u. a.) im Unterwuchs haben,
   im Sommer gemäht werden. Das Mähgut muß anschließend abgefahren werden, um der Fläche die Nährstoffe zu entziehen.

Weitere Maßnahmen

o Pflegemahd

Pfeifengras-Glockenheide-Fläche
Je nach Entwicklung sollte zur Schädigung des
Benthalmes und zur Förderung der moortypischen
Pflanzen eine Mahd dieser Flächen jährlich einmal
im Spätsommer wiederholt werden. Das Mähgut muß
wiederum abgefahren werden.

Sandheideflächen
Die Sandheideflächen im Osten des Gebietes sollten auch zur Verjüngung gemäht werden. Hierfür
ist jedoch ein gesondertes Konzept zum Heidemana-
gement aufzustellen.

o Entkusselung
Von einer Entkusselung sollte zunächst abgesehen
werden. Die Auswirkungen der Einstaumaßnahmen
sollten abgewartet werden. Wenn nötig, könnten
dann in Teilbereichen, z. B. Feuchtheideflächen,
die alten Birken und der Jungwuchs entfernt werden.

o Entfernen von Müll
Aus den Torfstichen sollte der Müll entfernt wer-
den, um auch hier der Vegetation wieder eine
Chance zur Ausbreitung zu geben.

o Randzone
Der Randbereich sollte als Pufferzone zum Schutz
des Moores dienen. Hierzu sollte der randliche
Baumbestand erhalten bleiben und z. T. zum Birkenbruch entwickelt werden. Im Osten sollte der
vorhandene größere Kiefernwald als Abschirmung
erhalten bleiben.

o Extensivierungsgrünland
   Die im Moor liegenden und die direkt angrenzenden
   Grünlandflächen sollten nur noch extensiv genutzt
   werden, wie es z. T. auch schon geschieht. Auf
   eine weitere Entwässerung sollte verzichtet werden.

o Ankauf
   Ein Ankauf einiger Grünlandflächen wird sich u.
   U. wegen der geforderten Nutzungsänderung nicht
   vermeiden lassen. Vorrang sollten dabei die in
   der Schutzzone I liegenden Flächen haben.

4. Holmmoor
(Übersichtskarte/Nr. 11)

4.1 Allgemeine Aussagen zum Gebiet

Das Landschaftsschutzgebiet "Holmmoor" liegt im Naturraum "Hamburger Ring". Es ist umgeben von Grünland und Siedlungsbereichen, die östliche Begrenzung der Hauptrestfläche stellt die Autobahn A 1 dar. Östlich der Autobahn befinden sich nur noch vier einzelne, für eine Unterschutzstellung nach § 16 LPflegG unbedeutende Moorflächen, weshalb im folgenden nur der westliche Moorkomplex behandelt wird.

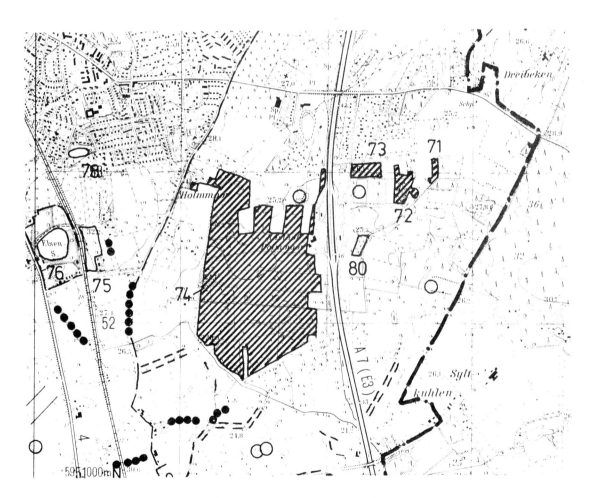

Abb. 24: Holmmoor (Biotop-Nr. 71-74)
Auszug aus dem Biotopkataster (Stand: 1981)
TK 25 2225, Kreis Pinneberg

4.2 <u>Ausdehnung</u>

Nach den vorliegenden Unterlagen läßt sich die ursprüngliche Ausdehnung des Holmmoores nicht mehr vollständig rekonstruieren. Bereits 1880 war das Moor nach einer Topographischen Karte aus dem selben Jahr erschlossen und in
Kultur genommen (s. Abb. 25 u. 26). 1946 wurde die Gesamtfläche noch mit 230 ha angegeben, von denen allerdings 25
ha in landwirtschaftlicher Kultur waren, auch im Handstichverfahren (im Randbereich) abgetorft wurden, und nur
50 ha noch unberührtes Hochmoor waren (Moorkataster von
1946). Durch weitere Umwandlung in landwirtschaftliche
Nutzfläche und durch den Bau der Autobahn sind heute nur
noch rund 80 ha als Moor im Sinne des § 11 LPflegG anzusprechen, wobei der westliche Komplex eine Fläche von rund
74 ha aufweist.

4.3 <u>Pflanzenwelt</u>

(s. Karte S. 88/89)

Durch Entwässerung und Abtorfung ist das Moor stark degeneriert. Birken- und Birken-Pfeifengras-Stadium haben den
größten Anteil an der Vegetationsdecke. Es sind jedoch
überall kleinere und größere Heidekrautflächen einge-
streut, die sich überwiegend in einem hervorragenden Zustand befinden. Auch Torfstiche mit Regenerationskomplexen
sind zu finden.

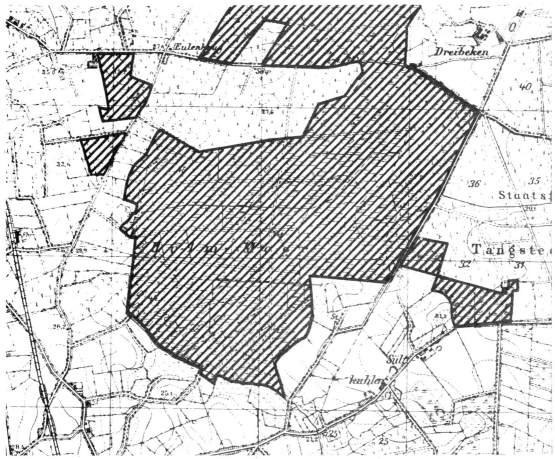

Abb. 25: Ausdehnung des Holmmoores 1880 (TK 25 2225, 1980)

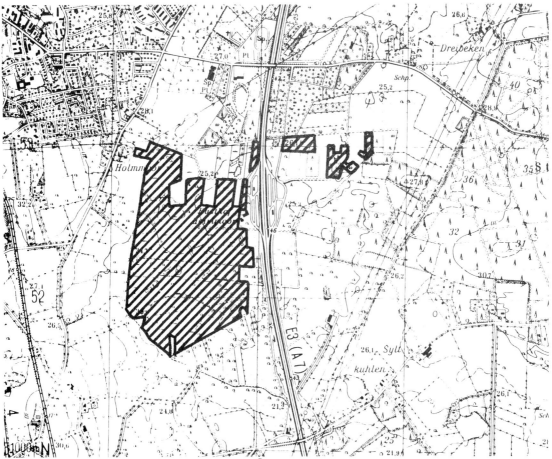

Abb. 26: Heutige Ausdehnung des Holmmoores (TK 25 2225, Biotop-
         kartierung 1981)

Das Birkenstadium ist überwiegend trocken, nur im Südwesten des Moores liegt ein feuchterer Bereich, in dem der
Boden mit Torfmoospolstern bedeckt ist. Auf höheren Torfdämmen findet sich häufig neben dem Pfeifengras (Molinia
coerulea) die Drahtschmiele (Deschampsia flexuosa) im Unterwuchs. In den Randbereichen des Moores wird eine Entwicklung zum Laubwald sichtbar, dort kommen bereits Säm-
linge der Vogelbeere (Sorbus aucuparia) auf.

Nur an wenigen Stellen im Holmmoor kommt das Pfeifengras-
Stadium ohne Baumbewuchs vor, meistens geht es schon in
das Birken-Pfeifengras-Stadium über. Neben dem Pfeifengras
kommen in diesem meist sehr trockenen Stadium hin und wieder auch Besenheide (Calluna vulgaris), Glockenheide (Erica tetralix), das Scheidige Wollgras (Eriophorum vagina-
tum) und Torfmoose vor.

Das Heidekraut-Stadium läßt sich in verschiedene Varianten
gliedern. Auf trockenen Standorten ist die Glockenheide
meist mit Besenheide, Scheidigem Wollgras und eindringen-
dem Pfeifengras gemischt (s. Abb. 27).
Die feuchten Standorte zeigen eine Reihe höherwertiger
Pflanzen auf. Dort kommen neben der Glockenheide auch die
Rosmarinheide, Moosbeere, Scheidiges und Schmalblättriges
Wollgras (Eriophorum angustifolium) und dichte Torfmoos-
polster vor.
Auf etwas offeneren Torfflächen können sich auch noch das
Weiße Schnabelried und der Rundblättrige Sonnentau halten.

Bei den Torfstichen handelt es sich um drei verschiedene
Kategorien.
Es gibt hier tiefe, mit Wasser gefüllte Torfstiche ohne
jeglichen Bewuchs, lediglich an den Kanten kommen hin und
wieder Laubmoose, Flechten und die Besenheide vor.
Andere, ebenfalls mit Wasser gefüllte, jedoch auch mit
nährstoffzeigenden Pflanzen wie z. B. Flatterbinse (Juncus
effusus) und Schnabelsegge (Carex rostrata) bewachsene
Torfstiche zeigen eine Abtorfung bis auf den mineralischen
Grund an.

Die wertvollsten Torfstiche dürften die mit regenerierender Hochmoorvegetation sein. Auf den dichten Torfmoos-Schwingdecken haben sich bereits häufig Glockenheide, Moosbeere, Wollgras u. a. angesiedelt. Diese Torfstiche könnten bei geeigneten Maßnahmen Zentren einer Regeneration des Holmmoores sein.

Als Besonderheit in diesem Gebiet ist das Vorkommen des Keulenbärlappes zu nennen, der auf einem von Spaziergängern frequentierten Weg im Norden wächst.

Gefährdete und im Bestand stark zurückgehende Pflanzen

Gagelstrauch	-	Myrica gale
Mittlerer Sonnentau	-	Drosera intermedia
Rundblättriger Sonnentau	-	Drosera rotundifolia
Moosbeere	-	Vaccinium oxycoccus
Rosmarinheide	-	Andromeda polifolia
Weißes Schnabelried	-	Rynchospora alba
Keulenbärlapp	-	Lycopodium clavatum

Abb. 27: Glockenheidestadium

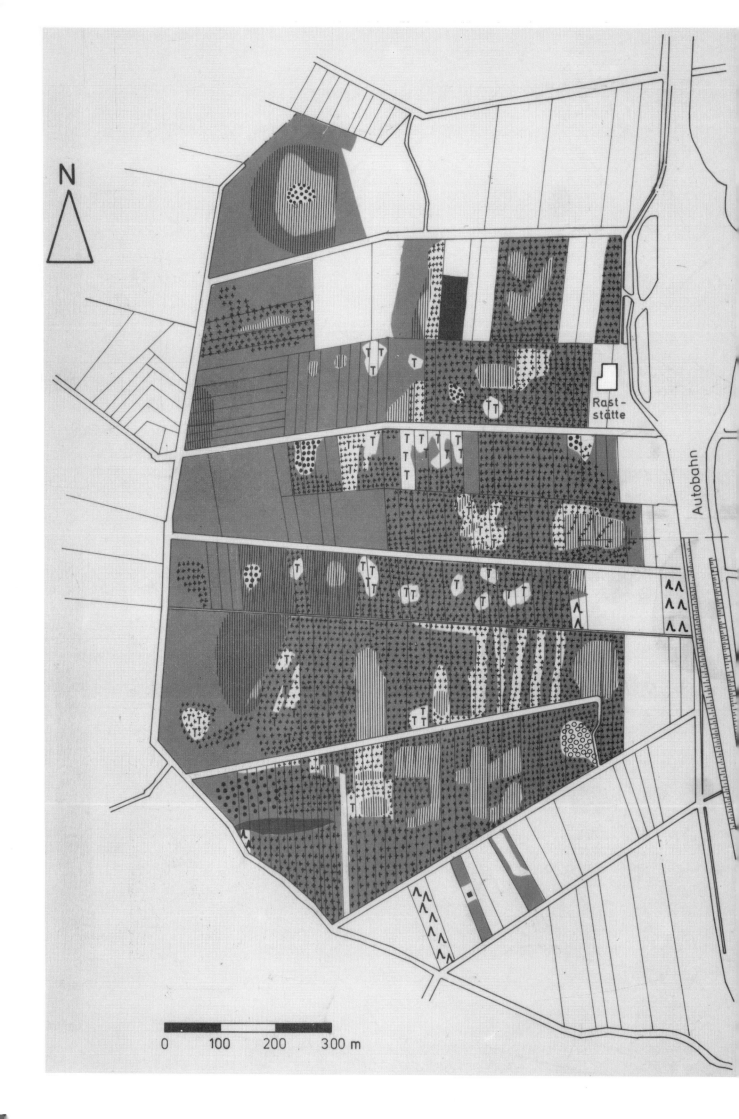

N

Raststätte

Autobahn

0   100   200   300 m

Bestandsaufnahme
Holmmoor, Kreis Pinneberg

Karte 5

LEGENDE : Stand: 1983

 Birkenstadium

 Pfeifengrasstadium

 Heidekrautstadium

 Torfstiche

 Torfstiche mit Torfmoos – Schwingdecken

 Fichtenanpflanzungen

 Ruderalfläche

 Niedermoor – Hochstaudenflur

 nackter Torf

4.4 Wasserverhältnisse

Die Entwässerung des Moores findet über Randgräben, Gräben seitlich der Moorwege und Parzellengräben statt. Durch die direkt angrenzenden genutzten Flächen (Grünland, Bebauung, Acker) wird dem Moorkörper zusätzlich Wasser entzogen, da diese Flächen ständig trockengehalten werden.

Im Winter steht das Wasser in den im Moor verlaufenden Gräben jedoch bis an den Rand an. Dadurch, daß diese Gräben nicht mehr geräumt werden, werden auch einige Wegabschnitte zusehends nasser.

4.5 Negative Einflüsse

- Über die im Gebiet liegenden landwirtschaftlich genutzten Flächen erfolgt eine ständige Entwässerung auch des Moores. Je nach Intensität der Nutzung ist auch eine weitere Eutrophierung angrenzender Moorflächen durch Düngung zu befürchten.
- Durch die Bebauung im Randbereich ist ebenfalls die Gefahr für eine Eutrophierung gegeben. Moorflächen, vor allem Torfstiche werden oft als Müllkippe benutzt.
- Die unmittelbar im Norden an das Moor angrenzende Fläche eines Schrotthändlers ist nicht durch einen Zaun o. ä. abgetrennt, wodurch hin und wieder auch Müll und Schrott in die gerade dort befindlichen wertvollen Moorflächen gelangen. Bereits jetzt ist eine Eutrophierung angezeigt (Flatterbinse).

4.6 Folgerungen

4.6.1 Zielsetzung

Aufgrund der starken Ausbreitung des Birkenstadiums wäre im Holmmoor die Entwicklung zum Birkenbruch anzustreben. Die offenen Heideflächen und vorhandenen Regenerationskomplexe bieten zudem noch die Möglichkeit, ein partielles Hochmoormanagement durchzuführen.

Durch eine Verbesserung der Wasserverhältnisse kann der ökologische Wert dieses Gebietes erheblich gesteigert werden.

4.6.2 Maßnahmenkatalog

Unterschutzstellung

Um die zusammenhängende Restfläche des Hochmoores vor
der weiteren Degeneration zu bewahren, sollte sie im
Zusammenspiel mit geeigneten Renaturierungsmaßnahmen
als Naturschutzgebiet ausgewiesen werden. Auch hier
sollte ein Drei-Zonen-Programm aufgestellt werden (s. Abb. 28).

Der Moor-Rest stellt die Zone I dar, die vor jeglichen negativen Einflüssen zu bewahren und gemäß der
Zielsetzung zu entwickeln ist. Zur Unterstützung ist
die Schutzzone II notwendig, die auch noch im zu-
künftigen NSG liegen sollte. Durch eine Extensivierung der Nutzung und einschränkende Auflagen bezüg-
lich Bebauung (Wochenendhäuser u. a.) sollten so die
von dort ausgehenden negativen Einflüsse auf das
Moor vermindert und langfristig möglichst ganz unterbunden werden.

Pufferzone

Das bereits bestehende Landschaftsschutzgebiet
stellt die Schutzzone III dar. Die Funktion dieses
Schutzgebietes sollte nicht durch Ausnahmegenehmi-
gungen zur Intensivierung der Land- und Forstwirtschaft und für Straßen-, Hoch- und Tiefbau gemindert
werden.

Vorbereitende Maßnahmen

Zur Aufstellung eines Entwicklungskonzeptes sind
noch einige Untersuchungen erforderlich.

o Grabenkartierung
   Um herausfinden zu können, an welchen Stellen
   Wasserhaltemaßnahmen durchgeführt werden können
   und müssen, ist es erforderlich, eine genaue Bestandsaufnahme der Gräben zu erstellen.

o Nivellement

Ein grobes Höhen-Nivellement ist zur Berechnung
von einzurichtenden Staustufen und zur Abschätzung der Auswirkungen von Anstaumaßnahmen notwendig.

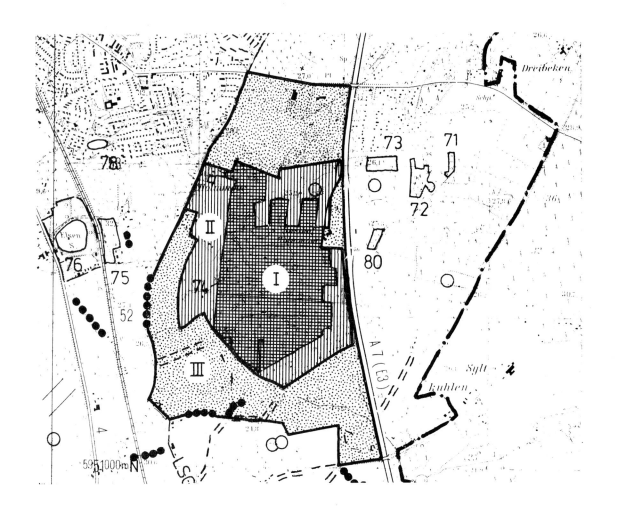

Schutzzone I ⎤ vorgeschlagenes
Schutzzone II ⎦ Naturschutzgebiet
Schutzzone III best. o. vorgeschl. LSG (s. Text)

Abb. 28: Vorschlag zur Abgrenzung eines Naturschutzgebietes
         "Holmmoor"

Erste Maßnahmen

o Wasserhaltung
   Sämtliche aus dem Moor herausführenden Gräben
   sowie alle Stichgräben sollten unter Berücksichtigung der genannten Untersuchungen angestaut
   werden.

o Entkusselung
   Eine schrittweise Birkenentnahme sollte auf den
   feuchten Heidekrautflächen durchgeführt werden,
   um den lichtliebenden Pflanzen die Möglichkeit
   zur Ausbreitung zu geben.

Weitere Maßnahmen

o Abschirmung gegen Bebauung
   Um eine weitere Eutrophierung durch Müll zu unterbinden, sollte das Gebiet im Norden durch
   einen hohen Zaun oder eine Dornenhecke gegen den
   Schrottplatz abgeschottet werden.

o Grünland
   Die in das Moor hineinragenden und das Moor umgebenden Grünlandflächen sollten langfristig in
   Extensiv-Grünland umgewandelt werden. Eine Kartierung dieser Flächen müßte vorher noch erfolgen.

o Ankauf
   Es wird sich in vielen Fällen nicht vermeiden
   lassen, einige im Moor liegende Grünlandflächen
   durch die Stiftung Naturschutz anzukaufen, um sie
   der intensiven Nutzung zu entziehen.

5. Himmelmoor

(Übersichtskarte/Nr. 7)

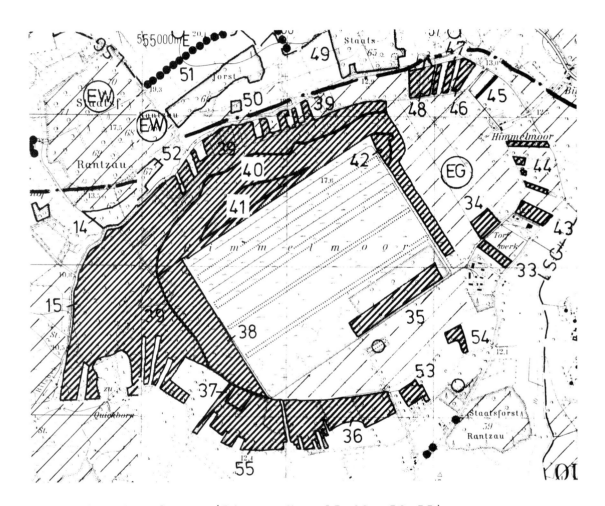

Abb. 29: Himmelmoor (Biotop-Nr. 15-48, 53-55)
        Auszug aus dem Biotopkataster (Stand: 1981)
        TK 25 2224, 2225, Kreis Pinneberg

5.1 Allgemeines zum Gebiet

Das Landschaftsschutzgebiet "Himmelmoor", wohl eines der
ehemals größten Hochmoore Schleswig-Holsteins, liegt auf
der Barmstedt-Kisdorfer Geest. Der größte Teil des Moores
ist sowohl maschinell wie auch im Handstichverfahren abgetorft worden. Im Randbereich sind die Flächen zu Grünland
umgewandelt oder mit Nadelbäumen aufgeforstet worden. Im
Zentrum des Restgebietes findet auch heute noch ein geneh-
migter maschineller Torfabbau statt. Aus diesem Grunde
kann erst nach Ablauf der Genehmigung und somit Beendigung
der Torfgewinnung ein umfassendes Konzept zur Renaturierung des Himmelmoores erstellt werden.

5.2 Ausdehnung

Die ursprüngliche Ausdehnung des "Himmelmoores" läßt sich
nach den hier vorliegenden Unterlagen nicht vollständig
rekonstruieren. Der Schwund der Moorfläche ist jedoch
durch maschinellen Torfabbau erheblich. Im Moorkataster
von 1946 wird die Gesamtfläche noch mit 450 ha angegeben,
von denen 250 ha bereits in landwirtschaftliche Kultur
übernommen worden waren und 200 ha systematisch abgebaut
wurden (s. Abb. 30). Bei der Angabe der Gesamtfläche wurde
jedoch der westliche Bereich, der in die Topographische
Karte (1:25.000) 2224 hineinreicht und rd. 40 ha umfaßt,
nicht berücksichtigt.
Im Rahmen der Biotopkartierung 1981 sind nur noch ca.
193 ha als Moor im Sinne des § 11 LPflegG erfaßt worden.

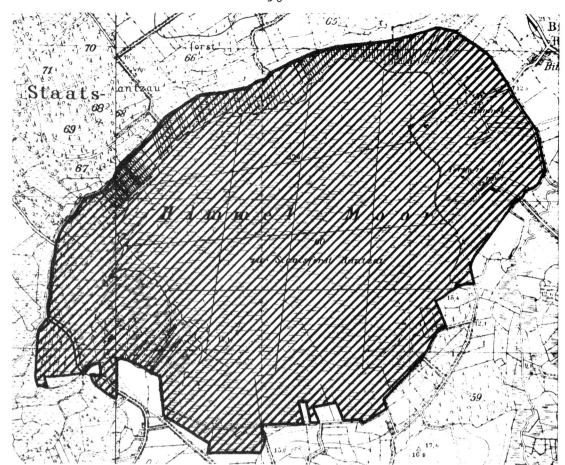

1947

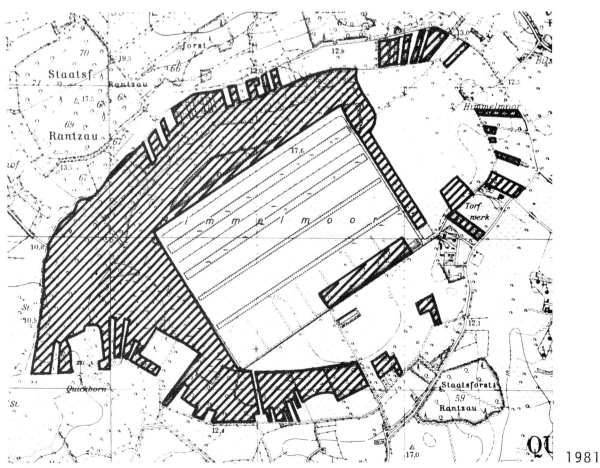

1981

Abb. 30: Himmelmoor - Ausdehnung 1947 und 1981

5.3 Pflanzenwelt

Auf genauere Bestandsaufnahmen wie in den anderen
Mooren in diesem Gutachten ist in diesem Fall
zunächst verzichtet worden, da für eine Aussage
über die Schutzwürdigkeit die Biotopkartierung des
LN ausreicht. Eine genauere Kartierung des gesamten
"Himmelmoores" sollte dann durchgeführt werden,
wenn die Abtorfung beendet ist und ein Konzept zur
Renaturierung sowie ein konkreter Schutzvorschlag
erarbeitet werden sollen.
Eine Auswertung der Biotopkartierung in diesem
Gebiet ergibt ein übermäßiges Auftreten des stark
entwässerten Birkenstadiums, jedoch auch noch
relativ häufiges Vorkommen des teilentwässerten
Heidekrautstadiums.

Bemerkenswert ist die sogenannten "Schleswig-
Holstein- Koppel" im Südwesten des Gebietes, die
ausgeprägte Bult- Schlenken-Komplexe aufweist (s.
Abb. 29: Biotop Nr. 37), der abgetorfte und sich z.
T. hervorragend wieder regenerierende Bereich nordwestlich des Abtorfungssockels (Biotop Nr.: 40) und
der hierin gelegene 5 bis 8 m hohe Torfsockel, der
vermutlich einzig erhaltene Rest der ehemaligen
Hochmoor-Oberfläche (Biotop-Nr.: 41).

In diesen wie auch in anderen Teilflächen des
Moores kommen u. a. folgende gefährdete und im
Bestand stark zurückgehende Pflanzenarten vor:

Rosmarinheide	-	Andromeda polifolia
Moosbeere	-	Vaccinium oxycoccus
Rundblättriger Sonnentau	-	Drosera rotundifolia
Mittlerer Sonnentau	-	Drosera intermedia
Weißes Schnabelried	-	Rynchospora alba
Blumenbinse	-	Scheuchzeria palustris

5.4 Tierwelt

Schmetterlinge

Es liegt eine Liste der im Jahre 1983 von H. G. RIEFEN-
STAHL beobachteten Schmetterlinge vor. Sie enthält eine
Reihe von Arten, die in der Roten Liste der Schmetterlinge
Schleswig-Holsteins, 1982, in allen Gefährdungsgraden aufgeführt sind.
Am bemerkenswertesten dürfte der Fund von Gluphisia
crenata ESP. aus der Familie der Zahnspinner sein, der
nach der Roten Liste als verschollen gilt.
Als akut vom Aussterben bedroht gilt der Buchenwalddick-
kopffalter (Heteropterus morpheus). Stark gefährdet sind
der Flechtenbär (Eilema griseola HBN.), der Weiße Zahnspinner (Leucodonta bicoloria SCHIFF.) sowie ein Schmet-
terling aus der Familie der Sichelflügler, Drepana curva-
tula BKH.

Reptilien und Amphibien

Auch unter den im Himmelmoor vorkommenden Reptilien und
Amphibien sind einige in der Roten Liste Schleswig-Holsteins aufgeführt. Besonders erwähnenswert ist das Vorkommen der Kreuzotter, die als stark gefährdet, und der
Blindschleiche, die als gefährdet eingestuft ist.
Als noch nicht akut gefährdet, jedoch mit rückläufiger Be-
standstendenz sind hier die Waldeidechse, der Moorfrosch
und der Grasfrosch zu nennen.

5.5 Wasserverhältnisse

Das Himmelmoor wird durch zahlreiche Stich-, Parzellen-
und Randgräben entwässert und ist dementsprechend sehr
trocken. Es gibt allerdings zwei Bereiche, die die Feuch-
tigkeit z. T. noch recht gut halten. Dieses sind die
Schleswig-Holstein-Koppel im Südwesten und abgetorfte Flächen im Norden des Gebietes. Auf den beiden Flächen entwickelt sich die Vegetation auch entsprechend der Feuch-
tigkeit hervorragend. Südwestlich der Abtorfungsfläche
- in der Hörn - sind Staumaßnahmen durchgeführt worden,
die aber noch einer Nachbesserung bedürfen, da z. T. noch
trockene Flächen vorhanden und z. T. Wasserflächen entstanden sind.

5.6 Negative Einflüsse

- Die stärkste Beeinträchtigung war und ist die Abtorfung,
  wodurch ein ehemals sehr großes Hochmoor fast vollends
  zerstört worden ist (s. Abb. 31).

- Die fortlaufende Entwässerung stellt eine Gefahr für die
  noch erhaltene und sich wieder einstellende Hochmoorvegetation dar.

- Durch Aufforstung mit Fichten auf abgetorften Flächen
  ist den hochmoortypischen Pflanzen die Chance genommen
  worden, sich wieder anzusiedeln und auszubreiten. Durch
  Samenanflug können sich die Fichten auch in anderen,
  trockenen Moorflächen ansiedeln und so dem Moor noch
  mehr Wasser entziehen.

Abb. 31: Grenze zwischen den bereits abgetorften und der
         in Abtorfung befindlichen Moorfläche im "Himmel-
         moor"

5.7 Folgerungen

Der Restbestand des Himmelmoores, der im Grunde den Randbereich des ehemaligen Hochmoores darstellt, ist bereits
so hochwertig einzustufen, daß er als schutzwürdig nach

§ 16 LPflegG gilt. Das geplante Naturschutzgebiet sollte
jedoch auch das Zentrum des Moores, das zur Zeit noch abgetorft wird, beinhalten, damit es als Gesamtfläche ökologisch sinnvoll entwickelt werden kann und entsprechende
nachhaltige Maßnahmen zur Erhaltung der Hochmoorvegetation
durchgeführt werden können (s. Abb. 32).

5.7.1 Zielsetzung

Eine Zielsetzung für das gesamte geplante Naturschutzgebiet kann erst konkretisiert werden, wenn
die Beendigung der Abtorfung unmittelbar bevorsteht.
Auch wenn dieses erst langfristig zu realisieren
ist, sollten die später durchzuführenden Maßnahmen
auf die Zielsetzung einer echten Hochmoorregenera-
tion ausgerichtet sein. Entsprechend wäre die Abtorfung zu lenken.

Auf keinen Fall sollten Aufforstungen vorgenommen
werden, wie es im Landschaftsplan "Bilsbek-Tal",
1975 vom Forstamt Rantzau vorgeschlagen wurde.

5.7.2 Maßnahmen

Ein Maßnahmenkatalog kann im Rahmen dieses Gutachtens noch nicht erstellt werden.
Einzelmaßnahmen in den Randflächen des Gesamtkomple-
xes können und sollten nach Absprache mit den Betei-
ligten weiterhin durchgeführt werden.

5.7.3 Unterschutzstellung

Es scheint zunächst widersprüchlich zu sein, ein Gebiet, das bereits größtenteils abgetorft ist und
noch einige Jahre weiter abgetorft wird, als Naturschutzgebiet vorzuschlagen. Die Kriterien zur Unterschutzstellung sind in diesem Gebiet auch nicht genau die gleichen wie z. B. beim Ohmoor und Henstedter Moor, da das Himmelmoor von der Großstadt relativ weit entfernt liegt.
Außerhalb der momentanen Abtorfungsfläche befinden
sich jedoch mehrere bereits in der Biotopkartierung
als hochwertig eingestufte Hochmoorflächen. Es han-

delt sich hierbei z. T. um erhaltene und z. T. um
regenerierende Bereiche mit einem reichen Artenin-
ventar. Aufgrund der hochwertigen Biotopflächen, sollte
bereits im Vorwege der Randbereich als Naturschutzgebiet ausgewiesen werden.

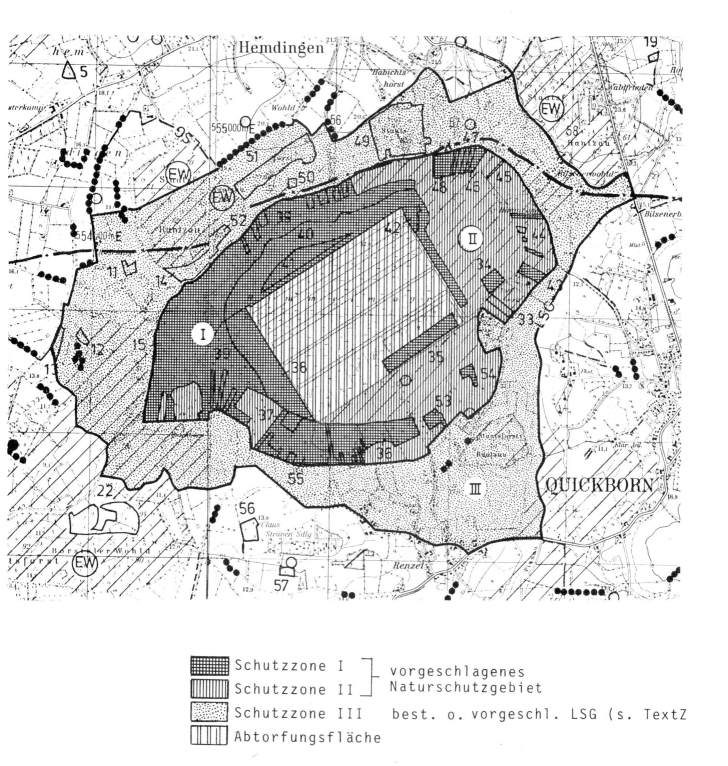

Abb. 32: Vorschlag zur Abgrenzung eines Naturschutzgebietes
"Himmelmoor"

6. Hohenmoor

(Übersichtskarte/Nr. 6)

6.1 Allgemeines

Das Hohenmoor liegt im Landschaftsschutzgebiet des Kreises Pinneberg, nördlich von Hohenrade. Es besteht nur noch aus einigen Restflächen (insgesamt ca. 16 ha), die zudem durch Entwässerung und Abtorfung stark degeneriert sind, in Teilbereichen jedoch auch noch interessante Formationen aufweisen. Umgeben sind die Restmoorflächen von Grünland.

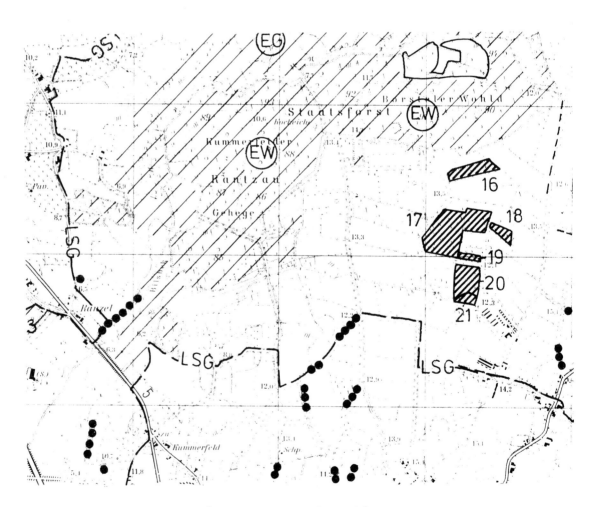

Abb. 33: Hohenmoor (Biotop-Nr. 16-21)

Auszug aus dem Biotopkataster (Stand: 1981)

TK 25 2224, Kreis Pinneberg

6.2 Ausdehnung

Anhand einer alten topographischen Karte - Aufnahme 1880,
Ausgabe 1944 - kann die ehemalige Ausdehnung des Hohenmoores ungefähr erahnt werden (s. Abb. 34), auch wenn damals
bereits einige Flächen kultiviert waren.

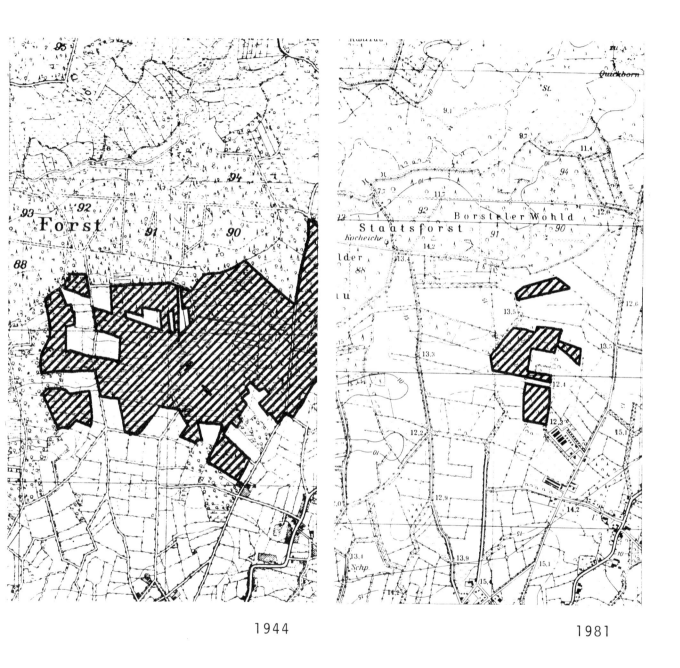

1944   1981

Abb. 34: Ausdehnung des Hohenmoores 1944 und 1981

6.3 Pflanzenwelt

Da die Biotopkartierung des Landesamtes für die Aussage
über die Schutzwürdigkeit ausreicht, ist zunächst auf eine
genaue Bestandsaufnahme der Vegetation verzichtet worden.
Diese müßte zur Erstellung eines Entwicklungskonzeptes jedoch nachgeholt werden.
Die grobe Kartierung des Hohenmoores zeigt eine starke Degeneration auf. Die meisten Teilflächen bestehen aus dem
Birkenstadium des entwässerten Hochmoores (s. Abb. 33, Nr.
16, 18, 19, 20).
Umso wertvoller erscheint dafür die Biotopfläche 17, deren
Vegetationsschicht sehr abwechslungsreich ist und zahlreiche seltene Arten aufweist. Es sind hier verschiedene Ab-
baustadien eines ehemaligen Hochmoores vorzufinden:

- Im Heidekrautstadium kommen neben der Glockenheide das
  Scheidige und das Schmalblättrige Wollgras, die Moos-
  beere, die Besenheide, Rosmarinheide, Rundblättriger
  Sonnentau und Torfmoospolster vor. Vereinzelt treten
  hier junge Kiefern auf.
- Im Übergang zum Birken-Pfeifengras-Stadium sind bereits
  die Heidelbeere (Vaccinium myrtillus) und der Dornige
  Wurmfarn (Dryopteris carthusiana) eingewandert.
- Im tiefer abgetorften Bereich haben sich Zwischenmoor-
  Pflanzengesellschaften mit der Grausegge (Carex canes-
  cens) und der Schnabelsegge (Carex rostrata) und Torf-
  moosschwingdecken aus Zwischenmoor-Torfmoosen (u. a.
  Sphagnum squarrosum) entwickelt. Daneben dehnt sich ein
  mit Torfmoosen durchsetzes Schilfried (Phragmites
  communis) aus. Die offene Wasserfläche wird durch
  Verlandung stetig verkleinert.

Im südlichen Bereich befindet sich eine dicht mit Schilf
und anderen Pflanzen der Verlandungsgesellschaften bewachsene Moorkuhle. Mit Teichlinsen bedeckte Wasserflächen sowie dichte Brennesselbestände im Randbereich lassen eine
starke Eutrophierung vermuten.

<u>Seltene Pflanzenarten</u> (Rote Liste) sind:

Moosbeere	-	Vaccinium oxycoccus
Rosmarinheide	-	Andromeda polifolia
Weißes Schnabelried	-	Rynchospora alba
Rundblättriger Sonnentau	-	Drosera rotundifolia
Rankender Lerchensporn	-	Corydalis claviculata
Wasserschwertlilie	-	Iris pseudacorus

6.4 <u>Tierwelt</u>

Leider liegen hier z. Zt. keine Daten über die Vogelwelt,
Insektenfauna usw. vor.
Aus eigener Beobachtung wäre als bemerkenswertes Vorkommen
die in Schleswig-Holstein in ihrem Bestand stark gefährdete Kreuzotter zu nennen. Außerdem konnte der Grasfrosch
beobachtet werden.

6.5 <u>Wasserverhältnisse</u>

Das Hohenmoor ist stark ausgetrocknet. Das bestehende Entwässerungssystem setzt die weitere Austrocknung und damit
die Gefährdung der noch vorhandenen wertvollen Vegetationseinheiten fort.
Im übrigen liegt dieses Moor z. T. im Wasserschongebiet
Quickborn, das der Trinkwasserversorgung aus dem Grundwasser dient (s. Abb. 35).

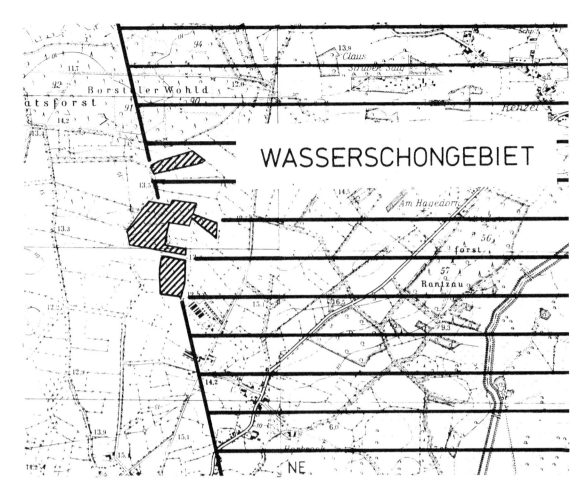

Abb. 35: nach dem Landschaftsplan "Bilsbek-Tal",1975

6.6 Negative Einflüsse

- Durch die Gräben im Moor und die Randgräben zwischen
  Moor- und Grünlandflächen wird das Moor weiterhin entwässert. Dieses wird eine Degeneration der noch hochwertigen Flächen bis hin zum Birkenwald zur Folge haben.
- Müllablagerungen im Moor (Eingriff gem. § 11 LPflegG)
  sowie Düngereinwehungen vom benachbarten Grünland führen
  zur Eutrophierung und Vernichtung der typischen Moorve-
  getation.
- Eine bereits deutlich sichtbare Eutrophierung geht im
  Süden des Moores von alten, nicht mehr in Nutzung befindlichen Jauchegruben des ehemaligen Schweinezuchtbe-
  triebes aus.

6.7 Folgerungen

Die Restfläche des Hohenmoores ist zwar von geringem Ausmaß, die Vegetation auf kleinem Raum jedoch umso bedeuten-
der.
Wenn dieses Restmoor zur Ausweisung als Naturschutzgebiet
vorgeschlagen wird, so geschieht dieses unter dem Aspekt
der Vernetzung der restlichen Moore im Hamburger Umland
und aufgrund des starken Flächenrückganges gerade der
Hochmoore.

6.7.1 Zielsetzung

Die in diesem Gebiet anzutreffende Vielfalt sollte
unbedingt erhalten und gefördert werden, d. h. sowohl der Zwischenmoor- als auch der Heidemoorcharak-
ter sollten aspektbildend sein.

6.7.2 Unterschutzstellung

Zum Schutz des Moores reicht es nicht aus, den
Schutzstatus der als Biotop kartierten Flächen anzu-
heben. Es sollte ein größeres Gebiet, in dem die
einzelnen Biotopflächen zusammengefaßt werden können, als Naturschutzgebiet ausgewiesen werden (s.
Abb. 36).

Ausweisung als Naturschutzgebiet

Der Biotop 17 stellt dabei aufgrund der wertvollen
Vegetation die Kernzone I dar, in der unverzüglich
alle negativen Einflüsse zu unterbinden sind. Die
übrigen Moor- und die Grünlandflächen bilden die
Schutzzone II. Auch hier müßten zunächst einmal die
negativen Einflüsse rückgängig gemacht werden, mittelfristig sollten dann die landwirtschaftlichen
Nutzflächen extensiviert und je nach noch zu prüfen-
dem Entwicklungsziel aus der Nutzung genommen und
gepflegt werden.

Pufferzone

Das vorgeschl. Naturschutzgebiet ist bereits in ein
Landschaftsschutzgebiet eingebettet, das eine Puf-

ferfunktion gegenüber den intensiv genutzten Flächen
ausüben sollte (Zone III). Eine Extensivierung der
landwirtschaftlichen Nutzflächen würde nicht nur dem
Moor, sondern sicher auch der Qualität des Wasser-
schongebietes zugute kommen.

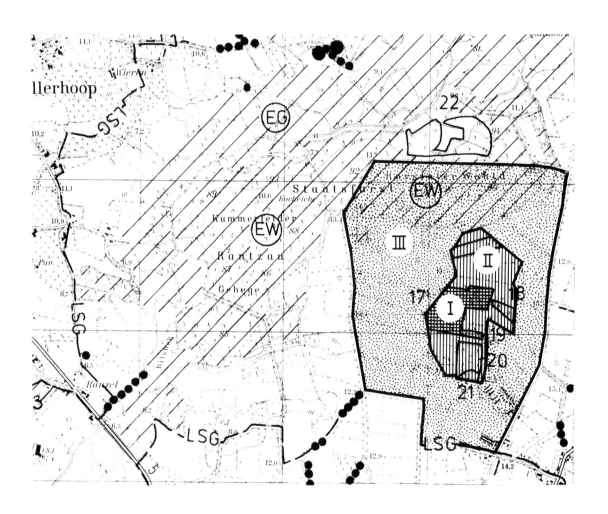

Schutzzone I ⎤ vorgeschlagenes
Schutzzone II ⎦ Naturschutzgebiet

Schutzzone III best. o. vorgeschl. LSG (s. Text)

Abb. 36: Vorschlag zur Abgrenzung eines Naturschutzgebietes
"Hohenmoor"

6.7.3 Maßnahmenkatalog

Vorbereitende Maßnahmen

- Um herausfinden zu können, an welchen Stellen Wasserhaltemaßnahmen durchgeführt werden müssen, ist eine Bestandsaufnahme der Gräben erforderliche. Ob zusätzlich ein Höhennivellement nötig ist, sollte danach abgewägt werden.
- Im Südosten des Moores wären die Auswirkungen der alten Jauchegruben genau zu prüfen.

Wasserhaltung

Die aus den Moorflächen herausführenden Gräben sollten unter Berücksichtigung der Vegetation angestaut werden, es dürfen jedoch keine großen Wasserflächen entstehen.

Entkusselung

Auf den Heidekrautflächen sollten die Birken und Kiefern schrittweise entfernt werden, um die Beschattung und die Verdunstung zu vermindern.

Landwirtschaftliche Nutzflächen

Die im geplanten Naturschutzgebiet gelegenen landwirtschaftlichen Nutzflächen sollten auf jeden Fall extensiviert werden, um negative Einflüsse auf die Moorflächen zu vermeiden. Eine genauere Kartierung und Erarbeitung einer Zielsetzung ist jedoch noch erforderlich.

A N H A N G
Allgemeines zur Hochmoor-Renaturierung

1. Grundlagen

Zum Verständnis der anstehenden Maßnahmen zur Entwicklung des Moores ist es notwendig, die wichtigsten Merkmale und Eigenschaften des natürlichen und des entwässerten Hochmoores voranzustellen.

1.1 Natürliches Hochmoor

Das natürliche atlantische Hochmoor hat in unseren Breiten folgende Merkmale und Eigenschaften (Abb. 1):

- Es ist uhrglasförmig über die Landschaft aufgewölbt; mit Hilfe der Torfmoose wächst es im Schnitt 1 mm pro Jahr.
- Die Oberfläche
  . bildet im ganzen eine ebene Hochfläche, die jedoch kleinflächig in erhabene Bulte und niedriger gelegene "Schlenken" gegliedert ist; (der Aufbau von Bulten und Schlenken ist wie der gesamte Moorkörper im wesentlichen von Torfmoosen bestimmt.)
  . weist vereinzelt (meist im Zentrum) natürliche, stehende Gewässer (Kolke) auf,
  . wird durch natürliche Abflüsse (Rüllen) entwässert, die das überschüssige Wasser abführen,
  . ist größtenteils von Natur aus baumfrei.
- Nur im Randbereich (Randgehänge) und im Bereich der natürlichen Wasserflächen (Kolke und Rüllen) befindet sich natürlicherweise Baumbewuchs neben weiteren nährstoff- und wechselfeuchte-anzeigenden Pflanzen (z. B. Pfeifengras).
- Der Wasserhaushalt
  . wird ausschließlich vom nährstoffarmen Regenwasser bestimmt. Daher werden Hochmoore auch "Regenwassermoore" genannt. Aufgrund dieser nährstoffarmen Verhältnisse wird das Hochmoor zu einem außerordentlich spezialisierten Lebensraum.

. gestaltet sich etwa folgendermaßen:

Bei angenommen 700 mm Niederschlag verdunsten im Lau-
fe des Jahres etwa 500 mm, bis zu 200 mm fließen natürlicherweise ab. Das Moor ist dabei mit Wasser ge-
sättigt. Die Abgabe an's Grundwasser sowie zusätzli-
che Speicherkapazität durch das jährliche Wachstum
(1 mm, s. o.) sind bei dieser überschläglichen Betrachtung zu vernachlässigen.

. steht in folgender Beziehung der Landschaft:

Moore geben nur das überschüssige Wasser ab. Der we-
sentliche Einfluß im Landschaftshaushalt besteht in
der höheren Verdunstung und entsprechend vermindertem
Abfluß gegenüber Mineralböden. Moore wirken nicht
ausgleichend auf den Wasserhaushalt einer Landschaft.

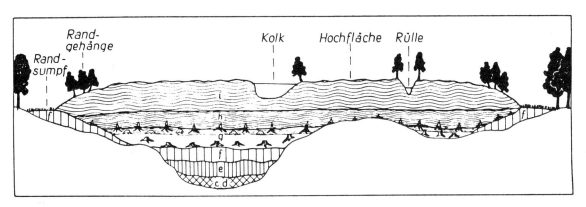

Abb. 9 Schematischer Schnitt durch ein echtes Hochmoor, das sich über Flachmoorablagerungen aufgebaut hat.
c, d = Mudden (siehe Abb. 7); e = Schilftorf, f = Seggentorf, g = Erlenbruchtorf, darüber Birken-Kiefern-Über-
gangswaldtorf, h = stark zersetzter Sphagnumtorf, i = schwach zersetzter Sphagnumtorf.

Abb. 1: Aus OVERBECK 1975

1.2 Entwässertes Hochmoor

Die Entwässerung eines Hochmoores hat auf die Vegetation
folgende Auswirkung (Abb. 2):

Bereits bei schwacher Entwässerung stellt das Moor sein
Wachstum ein. Die Torfmoose gehen stark zurück und das
Scheidige Wollgras sowie die Heidekräuter aus den Bulten
breiten sich über das ganze Moor aus (Moorheidestadium b
in Abb. 2).

Weitere Entwässerung führt zum Pfeifengrasstadium, einzelne Birken, aber auch Nadelbäume, besonders Kiefern, können

einwandern (Stadium c in Abb. 2).

Dies ist die Folge der Austrocknung und der Nährstoffan-
reicherung. Dadurch, daß die obersten Torfschichten nicht
mehr im Wasser unter Sauerstoffabschluß stehen, kommt es
zur Oxydation der Torfe. Diese zerfallen und Nährstoffe
werden freigesetzt (sog. "Mineralisation der Torfe"). Dadurch fällt das Porenvolumen der Torfe zusammen und es
treten Sackungen des Moorkörpers auf. Die weitere Entwässerung führt zum reinen Waldstadium des Birkenwaldes (Stadium d in Abb. 2), der sich schließlich zum Eichen-Birkenwald mit dem in der Krautschicht dominierenden Pfeifengras
entwickeln kann.

Der Gesamtkreislauf des Wasserhaushaltes verändert sich
durch die Entwässerung im Prinzip nicht.

Zwar vergrößert sich der Abfluß unmittelbar nach der Entwässerung, aber nach 5-10 Jahren ist dieser Wasserüber-
schuß abgeflossen und es stellt sich das ehemalige Gleich-
gewicht wieder ein. Bei durchschnittlich 700 mm Niederschlag verdunsten wieder ca. 500 mm und bis zu 200 mm
fließen ab. Bei zunehmender Bewaldung sinkt allerdings der
Anteil des abfließenden Wassers zugunsten der Verdunstung.
Bei vollständiger Bewaldung muß mit einem Abflußverlust
von ca. 1/3 der ursprünglichen Wassermenge gerechnet werden.

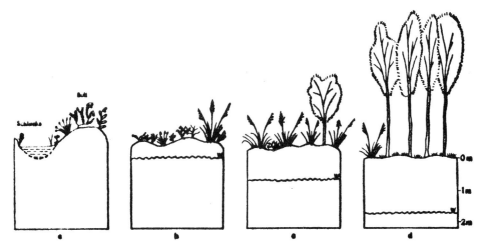

Verschiedene Stadien der Entwässerung eines Hochmoores in
Schleswig-Holstein, in Anlehnung an Ellenberg 1963, angepaßt an die Verhältnisse in
Schleswig-Holstein. a – natürliches Hochmoor, Bult-Schlenkenkomplex, nicht entwässert;
b – Moorheidestadium, Wachstum eingestellt, Einwanderung von Pfeifengras; c – Pfeifen-
gras-Stadium, Einwandern von Birke; d – Birken-Stadium; w – Wasserspiegel

Abb. 2: Aus EIGNER/SCHMATZLER 1980

2. Zielsetzung

Vor Beginn jeglicher Maßnahmen zur Verbesserung des Zustandes von Moorflächen müssen klare Zielvorstellungen entwickelt werden. Hierfür wird eine hinreichend ausführliche Analyse des jeweiligen Zustandes und der Wertigkeit des Moores benötigt. Man unterscheidet zwischen Renaturierung und Regeneration, dem Spezialfall der Renaturierung.

Bei der Hochmoor-Regeneration ist es das Ziel, die entwässerten Moorflächen durch die Wiedervernässung mit nährstoffarmem Regenwasser in intakte, von selbst weiterwachsende Hochmoore zurückzuentwickeln und dabei die Moorbirkenwälder oder das Pfeifengrasstadium wieder über das Heidekrautstadium zum Torfmoosstadium zurückzuführen.

Die Hochmoor-Renaturierung hingegen bedeutet eine allgemeine Rückführung in einen natürlichen Zustand oder Entwicklung der degradierten in ökologisch hochwertigere Hochmoorflächen.

3. Maßnahmenkatalog

3.1 Grundmaßnahmen

Die ersten Maßnahmen dienen dazu, die weitere Degeneration der Hochmoorfläche zu unterbinden.

Wasserhaltemaßnahmen

Um das Wasser im Moor zu halten, müssen alle Stichgräben geschlossen werden. Dieses kann mit Torfpackungen und evtl. zusätzlichen Schotts aus moorfremden Material erfolgen (s. Abb. 3). Die Schotts können auch allein verwendet werden. Da sich die Oberfläche des Moores in der Regel zum Rand hin absenkt, muß die Abschottung der Gräben mehrfach stufenweise erfolgen. Optimal wäre es, die Gräben in ganzer Länge mit Torf zu verfüllen. U. U. müssen Überläufe eingebaut werden, da ein Überstauen der Moorflächen zu vermeiden ist.

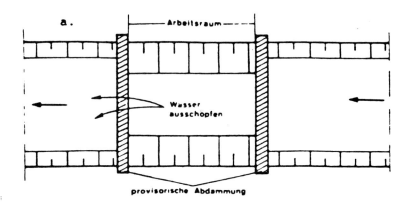

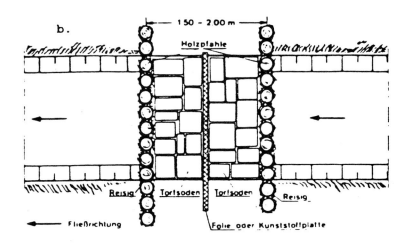

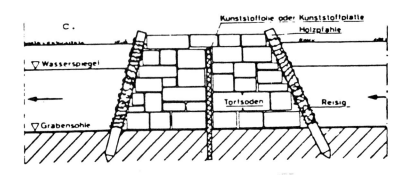

Abb. 3: Beispiel einer Dammkonstruktion
a und b: Draufsicht; c: Querschnitt

Da den Rest-Mooren in unserer Kulturlandschaft das natürliche Randgehänge fehlt, geben sie auch über den Moorrand
verstärkt Wasser ab und trocknen weiter aus. Meistens sind
sie darüber hinaus noch zusätzlich von tiefen Gräben umgeben.

In der Kulturlandschaft kann diesen Verhältnissen nur
durch eine künstliche Randabdämmung begegnet werden. Eine
gute Wirkung erzielen dammartig umlaufende, feste Wirt-
schaftswege. Auch könnte erforderliches Räumen der Randgräben durch Bagger so vorgenommen werden, daß die Maschinen auf der Moorseite fahren und so den Moorrand allmäh-
lich verdichten.

Entkusselung

Die im Moor aufkommenden Gehölze unterdrücken die lichtliebenden Moorpflanzen durch Beschattung, entziehen durch
Verdunstung über die Blätter dem Moorkörper zusätzlich
Wasser und bringen durch den Laubfall die Vegetation zum
Absterben. Deshalb ist das Entfernen des Gehölzaufwuchses
neben der Wasserhaltung eine wichtige Grundmaßnahme. In
welchem Umfange die Bäume entfernt werden sollen, muß im
Einzelfall sorgfältig geprüft werden, da u. U. ein locke-
rer Birkenschirm zur Erhaltung des Mikroklimas notwendig
sein kann. Auf jeden Fall muß in unserer Kulturlandschaft
immer ein Gehölzsaum zum Schutz gegen Immission und zu
stark austrocknende Winde erhalten bleiben.

Grundmahd

Als Grundmaßnahme ist die erste Mahd von überalterten Heideflächen und degenerierten Moorflächen, wo das Pfeifengras gerade erst in das Heidekrautstadium eindringt, ange-
bracht. Das Mähgut muß aus Gründen des Nährstoffentzuges
von der gemähten Fläche entfernt werden. Durch die Mahd
des hohen und u. U. dichten Pfeifengrases wird den wert-
volleren Hochmoorpflanzen eine Chance zur Ausbreitung gegeben und vorhandene Torfmoospolster werden zerkleinert
und über die Fläche verteilt. Gleichzeitig wird überalter-
te Heide verjüngt (s. auch Pflegemaßnahmen).

3.2 Pflegemaßnahmen

Pflegemaßnahmen sind vorübergehende Maßnahmen, die solange beibehalten werden müssen, bis eine ausreichende Wiedervernässung erreicht ist.

Entfernen junger Birken (Nach-Entkusseln)

Solange die Wasserverhältnisse im Moor noch nicht wieder optimal sind, wird es immer wieder Birkenanflug oder junge Austriebe der abgeschlagenen Birken geben. Diese Jungbirken können entweder durch Mahd oder mit Hilfe von Freischneidegeräten entfernt werden. Welche Methode angewandt wird, muß vor Ort entschieden werden.

Pflegemahd

Als Pflegemaßnahme ist die Mahd vornehmlich zur stetigen Schwächung bis hin zur Zurückdrängung des Pfeifengrases anschließend an die Grundmahd jährlich 1-2 mal durchzuführen. Durch die Mahd während der Blütezeit (Juli bis Anfang August) können die in den Blättern gesammelten Nährstoffe nicht mehr in die Speicherorgane transportiert werden, so daß das Pfeifengras von Jahr zu Jahr stärker geschwächt wird.

Bei allen Maßnahmen ist darauf zu achten, daß die hochwertige Hochmoorvegetation, vor allem die Torfmoose, so wenig wie möglich beschädigt wird. So sollten z. B. torfmoosreiche Flächen bei Frost nicht begangen oder befahren werden, da die vereisten Torfmoose abbrechen und diese abgebrochenen Teile absterben würden.

Literatur

1 BEHR, H. (1984): Zur Wasserinsektenfauna im Glas- und Ohemoor. Auszug aus der Staatsexamensarbeit, Hamburg

2 BENDTFELD & Partner (1979): Landschaftspflegerischer Begleitplan zum Neubau der Schleswig-Holstein-Straße zwischen Kringelkrug (L 284) und Kisdorf (L 233)

3 DIERßEN, K. (1983): Ziele und Grenzen des Naturschutzes von Moor-Ökosystemen. In: TELMA, 13, 223 - 237

4 - (1983): Rote Liste der Pflanzengesellschaften Schleswig-Holsteins. Schriftenreihe des Landesamtes für Naturschutz und Landschaftspflege Schleswig-Holstein, Heft 6, Kiel

5 DIERßEN, K., BELLER, J. und EIGNER, J. (1982): Rote Liste der Farn- und Blütenpflanzen in Schleswig-Holstein. 2. Fassung, in: Rote Liste der Pflanzen und Tiere Schleswig-Holsteins, Schriftenreihe des Landesamtes für Naturschutz und Landschaftspflege Schleswig-Holstein, Heft 5, 5 - 24, Kiel

6 EGGELSMANN, R. (1977): Moorschutz und Hydrologie. In: Wasser und Boden, 12, 350 - 351

7 EIGNER, J. (1982): Pflegemaßnahmen für Hochmoore im Regenerationsstadium. Information Naturschutz und Landschaftspflege, 3, 227 - 237, Wardenburg

8 EIGNER, J. und SCHMATZLER, E. (1980): Bedeutung, Schutz und Regeneration von Hochmooren. Naturschutz aktuell, 4, 78 S., Greven

9 EIGNER, J. und BRETSCHNEIDER, A. (1983): Zielsetzung und Stand des Moorschutzes in Schleswig-Holstein. In: TELMA, 13, 239 - 249, Hannover

10 FISCHER, W. (1934): Entwicklungs- und Pflegeplan Wittmoor.
   Entwurf, Gutachten im Auftrage der unteren Landschafts-
   pflegebehörden der Kreise Stormarn und Segeberg

11 FORSTAMT RANTZAU (1976): Landschaftsplan "Bilsbek-Tal".
   Bullenkuhlen

12 GEMEINSAMER LANDESPLANUNGSRAT HAMBURG/SCHLESWIG-HOLSTEIN
   (1978):Karte Erholungsgebiete,Schwerpunktprogramm
   Naherholung. Entwurf

13 HESS, E.-D. (1982): Untersuchung zur Durchleitung von Oberflächenwasser durch das Lütt Wittmoor in Henstedt-Ulzburg.
   Gutachten im Auftrage der Gemeinde Henstedt-Ulzburg

14 HEYDEMANN, B. (1982): Rote Liste der gefährdeten Schmetterlinge. In: Rote Liste der Pflanzen und Tiere Schleswig-
   Holsteins, Schriftenreihe des Landesamtes für Naturschutz
   und Landschaftspflege Schleswig-Holstein, Heft 5, Kiel

15 KNIEF, W. (1982): Die in Schleswig-Holstein gefährdeten Vogelarten "Rote Liste". 2. Fassung, Staatliche Vogelschutzwarte
   Schleswig-Holstein, in: Schriftenreihe des Landesamtes für
   Naturschutz und Landschaftspflege Schleswig-Holstein, Heft
   5, Kiel

16 KUNTZE, H. und EGGELSMANN, R. (1982):Zur Schutzfähigkeit nord-
   westdeutscher Moore. In: Information Naturschutz und Landschaftspflege, 3, 93 - 111, Wardenburg

17 LANDESAMT FÜR NATURSCHUTZ UND LANDSCHAFTSPFELGE SCHLESWIG-
   HOLSTEIN (1975): Zusammenfassendes Gutachten zur Bedeutung
   und Wertigkeit des Nienwohlder Moores (Kreis Stormarn und
   Segeberg) innerhalb der schleswig-holsteinischen Hochmoore.
   Kiel

18 - (1977): Hochmoorkataster Schleswig-Holstein. Kiel

19 - (1978): Gutachterliche Stellungnahme zur Schutzwürdigkeit
   der Oberalsterniederung. Kiel

20 - (1981): Gutachten zur Schutzwürdigkeit und Konzept zur
     Regeneration des Butterbargsmoores, Kreis Pinneberg. Kiel

21 - (1981): Biotopkartierung Kreis Pinneberg. Kiel

22 LANDESAMT FÜR NATURSCHUTZ UND LANDSCHAFTSPFLEGE SCHLESWIG-
     HOLSTEIN (1982): Gutachtliche Stellungnahme zur Schutz-
     würdigkeit des Glasmoores. Kiel

23 - (1982): Rote Liste der Amphibien und Reptilien in Schleswig-
     Holstein. In: Schriftenreihe des Landesamtes, Heft 5, Kiel

24 LANDESVERMESSUNGSAMT SCHLESWIG-HOLSTEIN (1972 - 84):
     Topographische Karten, TK 25/2124, 2126, 2127, 2224,
     2225, 2226, 2227, 2324, 2325, 2326, 2327, 2424, 2427

25 - (1976): Umgebungskarte Hamburg. M 1:100.000

26 LÖHNERT, E. (1967): Die geologischen Verhältnisse der Gemeinde
     Garstedt. Mitteilungen aus dem Geologsichen Landesamt
     Hamburg Nr. 60, in: Die Heimat, 4, 1974, 97 - 105, Hamburg

27 MAUSS, V. (1982/83): Norderstedter Ohmoor 1982/83. In:
     Naturkundliche Beiträge des DJN (Deutscher Jugendbund für
     Naturbeobachtungen), 12, 20 - 36, Hamburg

28 MEHL, U. und BELLER, J. et al (1985): Auswertung der Biotop-
     kartierung Schleswig-Holsteins im Kreis Stormarn,
     Hrsg. Landesamt für Naturschutz und Landschaftspflege
     Schleswig-Holstein, Kiel

29 - u. KUTSCHER, G. et al (1986): Auswertung der Biotopkartie-
     rung Schleswig-Holsteins im Kreis Segeberg,
     Hrsg. Landesamt für Naturschutz und Landschaftspflege
     Schleswig-Holstein, Kiel

30 MINISTER FÜR ERNÄHRUNG, LANDWIRTSCHAFT UND FORSTEN
   SCHLESWIG-HOLSTEIN: Moorkataster Schleswig-Holstein.
   Kiel

31 - (1979): Entwurf des Landschaftsrahmenplanes Unterelbe/Hohes
   Elbufer. Kiel

32 - (1982): Landschaftspflegegesetz (LPflegG), Gesetz zur Anpas-
   sung des Landschaftspflegegesetzes und anderer Rechtsvor-
   schriften vom 19.11.1982, (GVOBl. Schl.-Holst. S. 256),
   Kiel

33 MINISTERPRÄSIDENT DES LANDES SCHLESWIG-HOLSTEIN (1975): Regionalplan für den Planungsraum I. Landesplanung in Schleswig-
   Holstein, 11, Kiel

34 NATURSCHUTZAMT HAMBURG (1981): Naherholungsgebiet Oberalster.
   Text und Karte, Behörde für Bezirksangelegenheiten, Naturschutz und Umweltgestaltung (Hrsg.), Hamburg

35 OVERBECK, F. (1975): Botanisch geologische Moorkunde.
   Neumünster

36 PFADENHAUER, J. (1981): Grundlagen, Möglichkeiten und Grenzen
   der Moor-Renaturierung. In: Dat. doc. Umweltschutz, Universität Hohenheim, 31, 75 - 82

37 PREUßISCHE LANDESAUFNAHME (1880 - 1945): Topographische
    Karten, TK 25/2124, 2125, 2126, 2224, 2225, 2324, 2325,
    2326, 2424

38 RAABE, E. (1977): Vegetationsanalyse für den Landschaftsplan
   der Stadt Norderstedt. Gutachten im Auftrage der Stadt
   Norderstedt, Kiel

39 SAGER, H. (1950): Natur- und Landschaftsschutz im Kreise Sege-
     berg. Die Heimat, 57, 131 - 134

40 SCHMIDT, E. (1982): Rote Liste der gefährdeten Libellen in
     Schleswig-Holstein. In: Schriftenreihe des Landesamtes für
     Naturschutz und Landschaftspflege Schleswig-Holstein,
     Heft 5, Kiel

41 TECHNISCHE UNIVERSITÄT BERLIN (1983/84): Ohmoor - Landschafts-
     planerische Untersuchung. Projektbericht des Fachbereiches
     14, Berlin 1984

42 URBSCHAT, J. (1972): Flora des Kreises Pinneberg. Mitteilungen
     der AG für Floristik in Schleswig-Holstein und Hamburg,
     Heft 20

43 USINGER (1977): Der Ohmoor-Komplex. In: RAABE (1977): Vege-
     tationsanalyse für den Landschaftsplan für die Stadt Norder-
     stedt, Kiel

44 WITT, W. (1959 - 1962): Schleswig-Holsteinische Geest. In:
     MEYNEN-SCHMITHÜSEN (Hrsg.), Handbuch der naturräumlichen
     Gliederung Deutschlands, 1002 - 1021, Bundesanstalt für
     Landeskunde und Raumforschung, Bad Godesberg